The Big Book of Sudoku
FOR
DUMMIES®

by **Andrew Heron**

WILEY

Wiley Publishing, Inc.

The Big Book of Sudoku For Dummies®
Published by
Wiley Publishing, Inc.
111 River Street
Hoboken, NJ 07030-5774
www.wiley.com

Copyright © 2006 by Crosswords Ltd.

Published by Wiley Publishing, Inc., Indianapolis, Indiana

Published simultaneously in Canada

For general information on our other products and services, please contact our Customer Care Department within the U.S. at 800-762-2974, outside the U.S. at 317-572-3993, or fax 317-572-4002.

For technical support, please visit www.wiley.com/techsupport.

Wiley also publishes its books in a variety of electronic formats. Some content that appears in print may not be available in electronic books.

ISBN-13: 978-0-470-10538-2
ISBN-10: 0-470-10538-0

Manufactured in the United States of America

10 9 8 7 6 5 4 3 2 1

WILEY

Publisher's Acknowledgments

We're proud of this book; please send us your comments through our online registration form located at www.dummies.com/register/.

Some of the people who helped bring this book to market include the following:

Acquisitions, Editorial, and Media Development

Project Editor:
Laura Peterson Nussbaum

Acquisitions Editor: Tracy Boggier

Editorial Manager: Michele Hacker

Editorial Supervisor and Reprint Editor: Carmen Krikorian

Editorial Assistants: Erin Calligan, David Lutton

Cartoons: Rich Tennant
(www.the5thwave.com)

Composition Services

Project Coordinator: Kristie Rees

Layout and Graphics: Denny Hager, Lynsey Osborn

Proofreaders: Laura Albert, John Greenough, Jessica Kramer

Publishing and Editorial for Consumer Dummies

Diane Graves Steele, Vice President and Publisher, Consumer Dummies

Joyce Pepple, Acquisitions Director, Consumer Dummies

Kristin A. Cocks, Product Development Director, Consumer Dummies

Michael Spring, Vice President and Publisher, Travel

Kelly Regan, Editorial Director, Travel

Publishing for Technology Dummies

Andy Cummings, Vice President and Publisher, Dummies Technology/General User

Composition Services

Gerry Fahey, Executive Director of Production Services

Debbie Stailey, Director of Composition Services

Table of Contents

Introduction

*A*t the beginning of 2005, sudoku was unheard of for many people. However, a few months later, *The Times* and many other national newspapers in Britain began printing the puzzles and things went sudoku crazy. Now you can find sudoku in zillions of newspapers, in magazines devoted to sudoku, not to mention in books on the subject — all in a matter of a few months.

Solving the First Puzzle

Sudoku is a numbers puzzle that's been around for longer than anyone would imagine. In its current form, the puzzles consist of a 9×9 grid subdivided into nine 3×3 grids with a scattering of clues.

New Zealander Wayne Gould noticed sudoku in a magazine while on a visit to Japan and caught the bug. He set about writing a computer program that would generate sudoku puzzles and started to publish them on the Web. On a visit to London in late 2004, he walked into *The Times*'s offices and managed to show the puzzle to their features editor. The rest of the story, as they say, is history.

About This Book

Sudoku mania has caught on like a house on fire and whether you're wondering what it is, are just starting on your first puzzles, or have been working your way through them as fast as you can, this book is for you.

I've included some invaluable hints on the strategy of the game as well as over 600 puzzles of varying degrees of difficulty — and their answers, of course.

To give you the best grounding in the rules and strategy of sudoku, I've included a few icons to help you navigate your way through the text:

This icon targets hints and shortcuts to solving sudoku puzzles.

Take into account these important points when working your way through a sudoku puzzle.

Where you see this icon, you'll find information on the technical side of the game. You can skip these bits if you want.

Assuming you've caught the sudoku bug (no medicine required!), you can try your hand at the puzzles in Part II or head to Part I for tips and tricks on mastering the game. But be warned, here lurks addiction. Make sure the oven is off, get someone to remind you when your station is coming up, and don't forget to pick up the kids from school. Ah, sudoku: the ultimate drug.

What's in a name?

What does sudoku mean? "Su" is Japanese for "number and "doku" translates as something like "single" or "bachelor". So the name of the game is "single number". If that doesn't make sense, thank your lucky stars that we don't use the full Japanese title: "Suji wa dokushin ni kagiru", which means "Numbers are limited to bachelors". Clears everything up, eh?

Part I
Sudoku Strategy

The 5th Wave   By Rich Tennant

@RICHTENNANT

"Well, Mr. Humphrey, it appears that working on sudoku puzzles for hours on end certainly DOES have some side effects."

In this part . . .

Whether you're a sudoku neophyte or an experienced puzzle solver, understanding the strategy behind the game can only help your solving skills. I cover the basics of sudoku and give you tips and tricks for approaching the puzzles methodically.

Chapter 1

Simplifying Sudoku

• •

*T*his chapter introduces the sudoku-solving ground rules, giving you all the tools you need to approach each puzzle with the best strategy. It also shows you how to take your sudoku-solving skills up a notch with more advanced solving strategies.

Understanding the Rules

A blank sudoku grid like the one in Figure 1-1 consists of a grid of nine rows and nine columns subdivided into nine 3×3 subgrids. Throughout this book I refer to a particular square by its coordinates — row first, then column: 1,3 is the top row, third square from the left and 9,8 the bottom row, 8 squares from the left. I refer to a 3×3 subgrid as a *box*, numbered as shown in Figure 1-1.

Sudoku has two simple rules:

  ✔ Each column, each row, and each box must contain each of the numbers 1 to 9.

  ✔ Therefore, no column, row, or box can contain two squares with the same number.

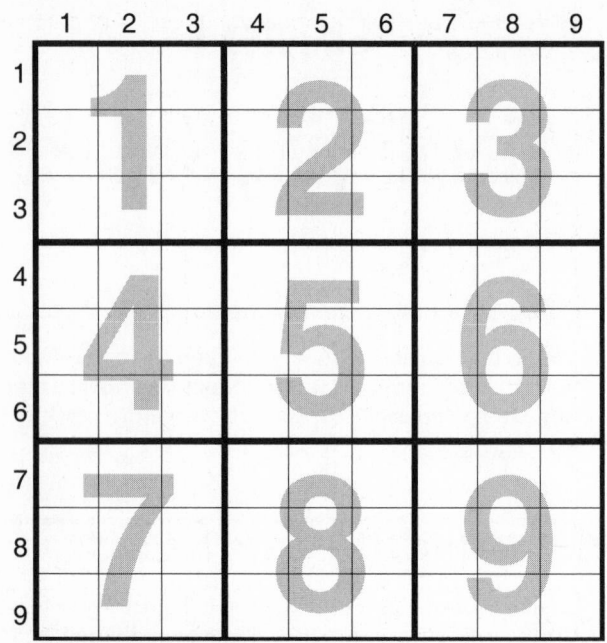

Figure 1-1: A blank sudoku showing grid coordinates and box numbers.

Getting Down to Basics

Each puzzle starts with a set of clue numbers placed on the grid as shown in Figure 1-2.

Logic is all you need to solve a sudoku. No addition, subtraction, division, or multiplication is required. However, you do need to ask yourself questions like "If so-and-so number is in this column, will such-and-such number go in this other box?" Your answer to these questions will always be either "yes", "no", or "maybe". When the going gets a little tougher — if you're working on a more difficult puzzle — you may find yourself asking more complex logic questions, but for now I'll just stick to the basics.

Use a pencil and eraser. Solving sudoku, especially the more difficult puzzles, requires you to make notes of possible number options. These notes change as the puzzle progresses, so you need to erase them as you solve — or partially solve — any squares.

6		7	4					
					9		8	6
	9			6		5		
			1		6		4	
7		8				6		1
	3		9		7			
		9		1			6	
8	6		7					
					2	8		3

Figure 1-2: A moderately difficult sudoku. Tempted?

Taking the puzzle in pieces

Your first tip to getting started with a sudoku: Don't try to look at the whole grid at first. Take the puzzle in sections, as I've done in Figure 1-3. You could try using a sheet of paper to help block off the part of the grid you aren't looking at.

As you can see in the first three columns, you have a 9 in box 1 and a 9 in box 7, but no 9 in box 4. The 9 in column 2 precludes any 9 appearing in column 2 of box 4, and the 9 in column 3 stops a 9 being placed in column 3 of box 4. That means that the 9 of box 4 has to be in column 1, but could appear in either of two squares. I've shown these options as small numbers in the corner of the squares. Writing in options like this as you solve helps you keep things straight and saves you time.

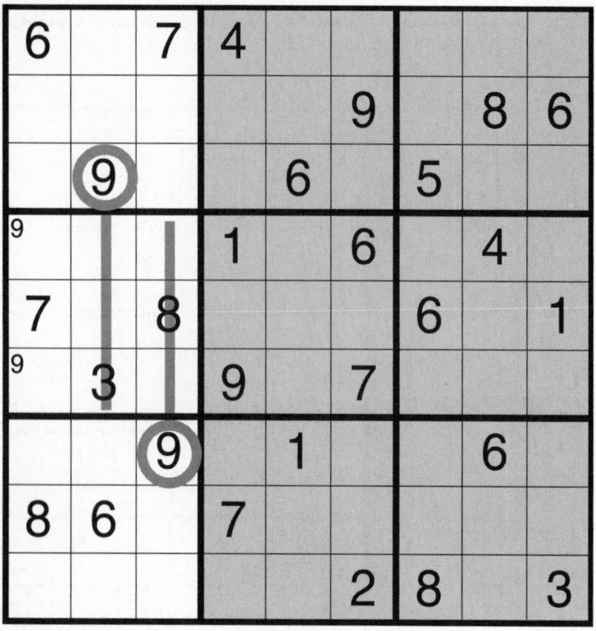

6		7	4					
					9		8	6
	⑨			6		5		
9			1		6		4	
7		8				6		1
9	3		9		7			
		⑨		1			6	
8	6		7					
					2	8		3

Figure 1-3: Look at a sudoku in sections rather than trying to work out the whole puzzle at first glance.

Looking at the (slightly) bigger picture

"Well," you might say, "looking at one column solves nothing." But wait . . . By revealing the next column, as in Figure 1-4, you expose a 9 in row 6. Obviously, with a 9 in this row, the option of 9 in box 4 at row 6 has been disproved, and the option can be erased. The 9 has to go in the only other available square in row 4, column 1 (or square 4,1). This is the first solved number. Whew! That wasn't so difficult, was it?

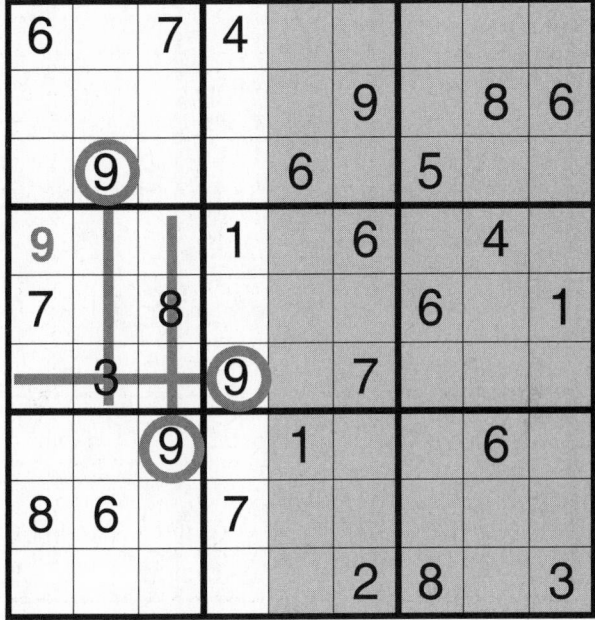

Figure 1-4: Gradually look at more and more of the puzzle for clues, keeping one number in mind.

Solving for the second number

The fewer empty squares you have in any box, row, or column, the better your chances of proving the empty squares, so look for the most populated rows, columns, and boxes. For example, concentrate on the middle three rows. You have a 6 in box 5 and a 6 in box 6, but no 6 in box 4, so that seems like a good number to focus on.

The 6s in rows 4 and 5 mean that the 6 of box 4 must be at either 6,1 or 6,3, so you can pencil in those options. Revealing the rest of column 1 in Figure 1-5, you find a 6 already in that column. So the 6 of box 4 can't be at 6,1 and must be in the only remaining square at 6,3. The second number of the puzzle has been solved.

⑥		7	4					
					9		8	6
	9			6		5		
			1		⑥		4	
7		8				⑥		1
	3	6	9		7			
		9		1			6	
8	6		7					
					2	8		3

Figure 1-5: Searching for sixes to solve the sudoku.

Incidentally, when the rest of the grid was revealed, did you spot the 6 in column 2? If you hadn't already excluded a 6 from column 2 of box 4 with the 6s at row 4 and row 5, this 6 would have done the job nicely. Having such a surfeit of riches is rare, but worth pointing out.

Cracking open the first box

Moving on in this exploration of the given clues: look at the 1 in row 4 and the 1 in row 5 in Figure 1-6. Between them they stop any 1 appearing anywhere in box 4 other than in the only square available at 6,1. No penciling required here, it's the only place for a 1 to go.

Now look at the 4 in row 4. It very nicely stops another 4 from going in box 4 at row 4. Because you've already solved some numbers in this box, only one possible square is left for the 4, at 5,2. Box 4 is filling up quite nicely and you have only the 2 and the 5 left to solve. Either of these numbers could go into 4,2 or 4,3. You don't have an obvious way of proving the correct square at this stage from the clues provided, so you're stuck for the moment.

6		7	4					
					9		8	6
	9			6		5		
9			1		6		④	
7	4	8				6		1
1	3	6	9		7			
		9		1			6	
8	6		7					
					2	8		3

Figure 1-6: The 4 at 4,8 means the only place for a 4 in box 4 is at 5,2.

Before you move on, pencil in the two options of 5 and 2 for both squares: At some stage you'll be able to prove one of the numbers and solve the box.

You can draw a very important implication from the two unsolved squares: Both contain either 5 or 2 as you have proved, but that must mean that these two squares can be the only place for a 5 or 2, not only in that box, but also for the remaining unsolved squares in that row. Only one 5 and one 2 can be in the row and you've just proved where they are.

What you just discovered are a matched pair of twins. A *twin* is a number that has been proved to appear in either of two squares that helps disprove its presence in another part of the grid. A *matched pair of twins* are two numbers that must go in either of only two squares, which helps to solve other problems as the puzzles get harder.

Using your clues

By now, you've probably familiarized yourself with the position of given numbers and can dispense with blocking off parts of the grid, although it's a useful tool when you're concentrating on a specific part of the grid. The "good" clues eventually start to jump out at you as in Figure 1-7. Here you have a combination of 6s stopping another 6 from appearing anywhere but in 9,4 of box 8. The 6 of this box doesn't really help you to solve any other numbers, so you move on.

6		7	4					
					9		8	6
	9			6		5		
9	25	25	1		6		4	
7	4	8				6		1
1	3	6	9		7			
		9		1			6	
8	6		7					
			6		2	8		3

Figure 1-7: Separating out the "good" clues.

You're getting a good handle on the grid in Figure 1-8. The 8s aren't helping to solve the 8 of box 6 immediately, but they allow you to note that the 8 could be in 4,9 or 6,9. Although the 8s don't solve anything immediately, making these observations is always helpful for use at a later stage of solving.

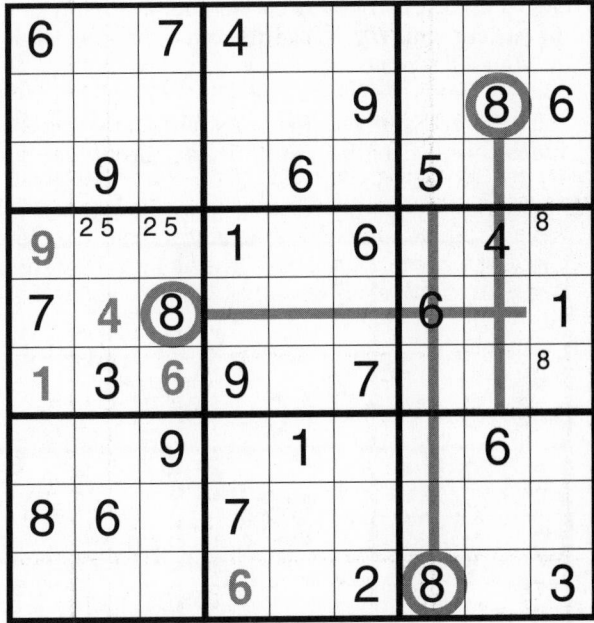

Figure 1-8: Getting a good grip on the grid.

You can still make plenty of observations and solutions from the given clues and those squares that you've already solved. For example, look at the 7 in column 4 and the 7 in column 6. Together with the 7 in row 1 they solve the 7 in box 2.

Taking Sudoku Up a Notch

It's time to start being methodical in solving and get serious about discovering the secrets of each individual square. Depending on the grade of difficulty of the puzzle, you can simply bite the bullet and write in all the options for every square right now, or take it gradually box-by-box (or row-by-row or column-by-column). As this puzzle is only of moderate difficulty, take this discovery process gradually.

All the options for the squares of box 6 have been noted in Figure 1-9. I found them by asking at each square "Will such-and-such number go here?" from 1 through to 9 while checking to see whether that number is already in its box, row, or column. Try doing the exercise to check the numbers for yourself (I'm not perfect, you know!).

You've already proved that at 4,7 and 4,9 neither 2 nor 5 can appear because of the pair of twins in box 4 that have already fixed their position.

6		7	4					
					9		8	6
	9			6		5		
9	^{2 5}	^{2 5}	1		6	^{3 7}	4	^{7 8}
7	4	8				6	^{2 3}_{5 9}	1
1	3	6	9		7	²	^{2 5}	^{2 5 8}
		9		1			6	
8	6		7					
			6		2	8		3

Figure 1-9: Taking a stab at box 6.

Singling Out Lone Numbers

Look at the bottom left hand square of box 6 and you see that the only number that can go into that square is a 2. You don't have any clues around in the rows or columns that might indicate that a 2 is the solution to that square, and only by eliminating all the other options could you work out that the 2 goes in 6,7. Discovering a number by a process of elimination is a *lone number*.

The second result of solving that 2 in 6,7 is that all other optional 2s in that box, row, and column may now be eliminated. The new situation is illustrated in Figure 1-10. Having removed all the optional 2s, to the right of the solved 2 you can see that the 5 is on its own — another lone number solved. Solving the 5 (so all the optional 5s are removed) leaves the 8 on its own in 6,9, which means the other optional 8s are gone, leaving a lone 7 at 4,9. Carry on this process as far as you can with this box. Think about the 3 and the 9 at 5,7. What can you conclude, although there appear to be two options in that square?

6		7	4					
					9		8	6
	9			6		5		
9	2 5	2 5	1		6	3 7	4	7 8
7	4	8				6	3 5 9	1
1	3	6	9		7	2	5	5 8
		9		1			6	
8	6		7					
			6		2	8		3

Figure 1-10: Solving for lone numbers.

When you've finished your number-fest in that box, check the consequences of solving those numbers in the associated rows, columns, and boxes. I hand the puzzle in Figure 1-11 over to you for solving as far as you can, using the techniques and strategies you've picked up so far.

6		7	4					
					9		8	6
	9			6		5		
9	2 5	2 5	1		6	3 7	4	7 8
7	4	8				6	3 9	1
1	3	6	9		7	2	5	8
		9		1			6	
8	6		7					
			6		2	8		3

Figure 1-11: Try your hand at this puzzle, keeping an eye out for lone numbers.

Serious Sudoku Solving

The new puzzle in Figure 1-12 challenges you to look beyond the obvious. Consider the number 4:

- ✔ The 4s in columns 1 and 3 and the 4 in square 9,5 preclude a 4 going anywhere in box 7 except 7,2 or 8,2.

- ✔ Because row 8 is full in box 9, the 4 in box 9 will have to go in row 7 — so the 4 in box 7 has to be in row 8, at 8,2.

- ✔ The 4 in square 5,8 precludes a 4 from going anywhere else in column 8. This means the 4 in box 9 cannot go at 7,8, and because the 4 at 9,5 precludes the 4 from going anywhere in row 9 in box 9, 7,9 is the only option left.

You should see another 4 to solve very easily in the middle three columns. And you can now solve the 4 in box 7.

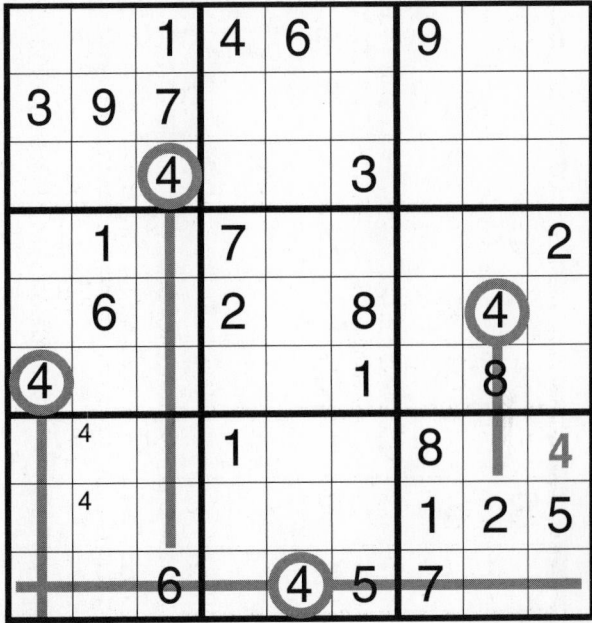

Figure 1-12: Look beyond the obvious.

Getting Rid of Extraneous Options

Now on to some solving strategies for the more difficult levels of sudoku. First, you have to meticulously discover all the options for every unsolved square in the grid. The method for this is the same as when you did it for box 6: Look at each square and ask the question "Can such-and-such number go in this square?" for each number 1 to 9.

As shown in Figure 1-13, writing down all the options automatically solves many of the squares, but some remain with their penciled options. So how do you move on? With logic, of course.

2 8	2 8	1	4	6	7	9	5	3
3	9	7	5 8	5 8	2	4	1	6
6	5	4	9	1	3	2	7	8
5 8	1	3 5 8	7	3 5 8	4	6	9	2
7	6	3 5 9	2	3 5 9	8	3 5	4	1
4	2 3	2 3 5 9	6	3 5 9	1	3 5	8	7
5 9	7	3 5 9	1	2	6 9	8	3 6	4
8 9	4	3 8 9	3 8	7	6 9	1	2	5
1	2 3 8	6	3 8	4	5	7	3	9

Figure 1-13: Looking at the options — narrowly.

Covering certain columns helps to concentrate on column 4. If you look at box 8 there are two sets of options, but right now look at just the pair of 3 and 8 at 8,4 and 9,4. Although you don't know which order the 3 and 8 go in, you know that these two squares must be the only two squares to contain these numbers in all of column 4. So you now know that the 8 in that column cannot be at 2,4 with the 5. That leaves only the 5 in that square, so it is solved and as a consequence the 8 in box 2 must be at 2,5.

Matched pairs of twins like 3 and 8 can help solve the stickiest of problems. Sometimes you might see a pair such as 3 8 9 and 3 8 in a box, row, or column. If the 9 is somewhere else in the options of that element (it would have to be, otherwise it's the 9 for that element), then you can remove it from the 3 8 9 group. Why? Because you know that those two squares are the only squares for a 3 or an 8: If a 3 is in one square and an 8 in the other there's no room for the 9. In the lingo, that's called a *hidden matched pair*. In Figure 1-13 the matched pair eliminated just one 8, but sometimes such a matched pair can get rid of large numbers of extraneous options.

TIP

Probably the most difficult construct to get your head round is a step up from matched pairs. A *triplet* is where three numbers share three squares in a box, row, or column and the three squares contain these three numbers exclusively. For example, if the three numbers are 2, 5, and 9 they may appear in the options of an element as, say, 2 5, 5 9, 2 5 9 or 2 5, 2 5 9, 2 5 9, or simply 2 5 9, 2 5 9, and 2 5 9.

Look at column 1 in the left side of Figure 1-14. The fourth, seventh, and eighth squares must be filled by the numbers 5, 8, or 9. Following the rule of triplets, 5, 8, and 9 can be in those squares only and nowhere else in the column, so the first square in the column must be 2. And if the number in 1,1 must be 2, the number in square 1,2 must be 8, as the right side of Figure 1-14 shows. While this example eliminated only a single option, you can usually cull more with this method of using twins and triplets to solve numbers in other parts of the puzzle.

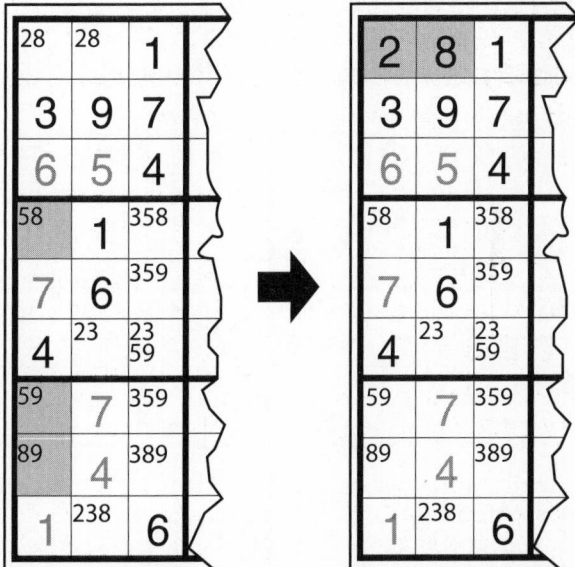

Figure 1-14: A triplet — three squares sharing three numbers exclusively — in column one (left) means 1,1 must be 2 and 1,2 must be 8 (right).

The strategies for solving sudoku thus far allow you to solve all but the most difficult and extreme sudoku.

The more difficult constructs and strategies are best learned by practice. The more sudoku you solve the easier it becomes. Twins, triplets, and pairs pop out at you all over the place. And when they don't, you'll be able to find help on one of the many Web sites and sudoku forums that have been set up just for sudoku solvers. Two of the best are www.sudoku.com and www.sudoku.org.uk.

Sudoku on Steroids

If you thought some of the 9 × 9 sudoku were difficult, this volume contains a few puzzles with 16 × 16 grids to blow your mind. As you'd expect, the rules for the 16 × 16 puzzles are slightly different. As well as numbers, you use the letters A to G. Each of the numbers 1 to 9 and the letters A to G must go in each row, each column, and each 4 × 4 box. Figure 1-15 demonstrates a completed 16 × 16 grid.

3	8	F	6	2	B	7	G	5	4	C	A	D	9	E	1
9	5	B	A	4	1	E	3	G	F	7	D	6	C	8	2
4	G	C	1	D	6	5	8	E	9	3	2	B	F	A	7
2	7	D	E	F	A	C	9	8	6	1	B	G	5	4	3
G	4	A	5	E	C	F	2	6	D	B	8	7	1	3	9
D	B	8	7	6	G	3	A	1	C	F	9	2	E	5	4
6	E	3	F	7	9	D	1	2	5	A	4	C	B	G	8
C	9	1	2	5	4	8	B	7	3	G	E	A	6	F	D
F	1	4	B	8	7	A	5	9	G	E	C	3	2	D	6
8	A	6	D	C	2	B	E	3	7	4	1	F	G	9	5
5	2	7	9	G	3	1	D	B	8	6	F	4	A	C	E
E	C	G	3	9	F	4	6	A	2	D	5	8	7	1	B
A	3	9	4	1	D	6	7	F	E	2	G	5	8	B	C
1	6	2	C	A	8	9	F	D	B	5	3	E	4	7	G
7	D	5	8	B	E	G	4	C	A	9	6	1	3	2	F
B	F	E	G	3	5	2	C	4	1	8	7	9	D	6	A

Figure 1-15: Use the numbers 1–9 and the letters A–G for 16 × 16 puzzles.

Don't panic. All the strategies used in 9 × 9 sudoku work in 16 × 16 puzzles, and you'll be surprised how quickly you become familiar with the extra characters.

Taking On the Target: Sudoku in the Round

If you're getting square eyes from doing regular sudoku, I've got some relief for you in the form of circular sudoku, sometimes called *target sudoku*. The target sudoku in Figure 1-16 is a 4-ring circle. Think of the puzzle as a big pie cut into eight slices, each slice with four bites. Your goal is to place a number into each bite of pie (so four numbers to a slice) so that every two adjacent slices contain all of the numbers from 1 to 8. Every ring also must contain all the numbers 1 to 8.

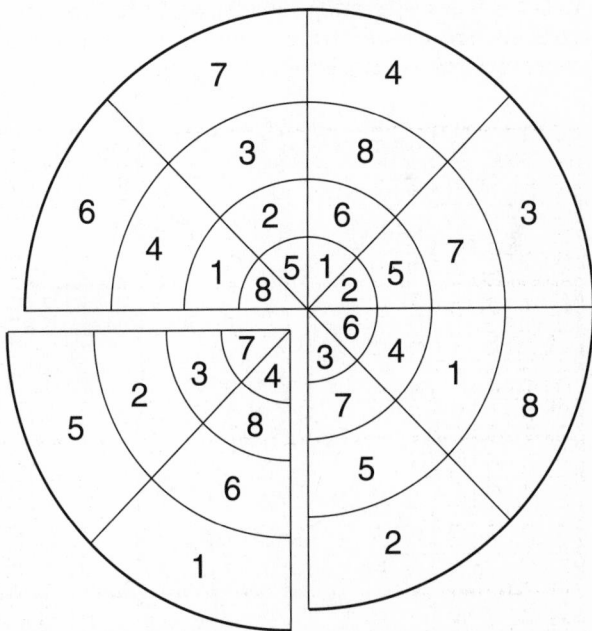

Figure 1-16: In a circular sudoku, every two adjacent slices contain the digits 1–8.

Every other slice contains the same numbers — but not in the same order because every number must be represented in every ring.

In the target sudoku section, you'll also find a 3-ring puzzle, for which you use the digits 1–6, and 5-ring puzzles, for which you use the digits 0–9, all of various difficulty levels to tempt you.

Part II
Sudoku Puzzlemania

The 5th Wave
By Rich Tennant

"No wrong answers – please! Not easy make erasures."

In this part . . .

If you're lookng for some puzzle-solving fun, this is the part for you. I've included over 600 puzzles of increasing difficulty to try your hand at. Start with the first one to ease yourself in, or jump in at the end if you're feeling confident about your sudoku-solving abilities. Either way, I wish you luck and happy solving!

Puzzles

Easy Does It

	3				9	8	1	2
	8		2	1		3		6
6	2	1		8	3	5		4
8	5		3		2	7	9	1
						2	3	5
		2	9		1	4	6	8
7				9			2	3
2							8	
4	6		1	2			5	

Puzzle 1: Easy

6		2	7	5			4	
			9	6	2			
	7		4					
	1	6		9		7		
		3		7		8	5	
					9		3	
			1	8	7			
	8			3	4	6		7

Puzzle 2: Easy

		2	9	8	7	5		
	8		4	6	3		2	
1		3	2			4	8	9
		4	3		6	8		
		9	2		8	1		
2		6	8			7		5
	5		6	4			3	
		1	7	5	2	6		

Puzzle 3: Easy

	8	6		3	9	4		
	1			2				
	7						1	8
	2				3			4
			6		1			
6			5				7	
7	3						9	
			9				4	
		9	3	5		1	2	

Puzzle 4: Easy

5	1	7	2	9	6	3	8	4
2	9	8	3	1	4	6	7	5
3	6	4	7	5	8	9	2	1
8	5	9	4	6	2	1	3	7
1	4	3	9	8	7	5	6	2
7	2	6	5	3	1	8	4	9
6	7	5	1	2	3	4	9	8
9	8	2	6	4	5	7	1	3
4	3	1	8	7	9	2	5	6

Puzzle 5: Easy

3	5	7	9	6	1	8	4	2
8	1	6	4	3	2	7	9	5
9	2	4	8	5	7	1	3	6
4	6	3	7	9	8	2	5	1
1	7	2	5	4	3	6	8	9
5	8	9	2	1	6	3	7	4
2	9	8	6	7	4	5	1	3
6	3	5	1	8	9	4	2	7
7	4	1	3	2	5	9	6	8

Puzzle 6: Easy

			9		6			
	9						7	
6	8	7				4	2	9
		6	8		3	5		
5								2
		9	7		2	1		
1	4	2				7	8	6
	6						4	
			6		7			

Puzzle 7: Easy

5	3					4		2
4				1	3	7	9	
	1			7			8	
	4	5				9	1	
	8			3			5	
	9	3	6	8				1
7		8					4	9

Puzzle 8: Easy

Puzzle 9: Easy

4		9	7			5		8
6		8	2		3	9		7
	7						6	
			9	8	1			
1								2
			5	7	2			
	6						3	
		4	6		7	8		
8		2				6		4

Puzzle 10: Easy

6	3	1	5	9	2	8	7	4
5	8	4	3	7	6	1	9	2
2	7	9	4	8	1	3	5	6
7	1	8	6	3	4	9	2	5
9	4	2	8	1	5	7	6	3
3	6	5	9	2	7	4	1	8
4	9	7	2	5	3	6	8	1
1	5	6	7	4	8	2	3	9
8	2	3	1	6	9	5	4	7

	4			2				
6			4	1	5			
8		2	6					
	5				2	7	3	
1								9
	9	8	3				6	
					3	8		4
			1	9	7			2
				6			1	

Puzzle 11: Easy

			4	5				8
	7				1	5		
4				3	7	9		
	4				5	3		9
2		5	7				1	
		3	5	9				4
		1	2				8	
7				1	6			

Puzzle 12: Easy

			9		8			
		2	3		5	6		
6	8						9	1
		9	8		3	1		
7								4
		3	5		7	8		
1	3						2	5
		6	7		1	4		
			2		9			

Puzzle 13: Easy

1	7		3		6			9
		6						
					8		7	1
	8		1			3		4
5								8
7		1			2		5	
9	5		6					
						4		
3			4		7		9	2

Puzzle 14: Easy

5							8	4
7		3	9					
	2						9	
8			6	3		4	5	
			7		4			
3	1		9	8				7
	6						3	
				7		4		1
9	3							2

Puzzle 15: Easy

2								1
		1	2	9	8	4		
9	5						6	3
			5	1	3			
				8				
			9	2	4			
7	3						5	6
		9	3	6	2	1		
6								2

Puzzle 16: Easy

8								2
	4	6	3		8	9	7	
9		7				4		3
			8	6	5			
				3				
			2	1	7			
6		4				3		8
	7	1	4		6	2	9	
5								4

Puzzle 17: Easy

			7		1			
	7		6		3		1	
1	6						4	7
		5	1	7	4	6		
		7	5	3	8	2		
3	1						8	9
	2		3		5		7	
			8		9			

Puzzle 18: Easy

		7	4		2	3		
	3	6				2	1	
9	1						4	8
			8	7				
	6						7	
			3	9				
7	4						5	3
	5	9				4	6	
		1	5		4	9		

Puzzle 19: Easy

1			4		3			5
	5		9		6		8	
3								4
		3	6		8	4		
9								6
		6	5		2	1		
6								8
	4		2		7		1	
8			3		5			9

Puzzle 20: Easy

Puzzle 21 (Easy):

7	3	5				2	1	6
	6	1				5	8	
8								7
			8		3			
	1						5	
			4		2			
9								2
	8	6				4	3	
2	5	3				9	7	8

Puzzle 21: Easy

Puzzle 22 (Easy):

		7		3				
	4		2			9		1
			9					7
2		1	4			3		8
		8				6		
4		6			7	2		5
6					1			
8		5			6		9	
			8			7		

Puzzle 22: Easy

	3	2	8		9	5	7	
	1		3		4		2	
6								4
			5		7			
3								9
			1		8			
7								1
	4		6		2		9	
	8	3	9		1	6	4	

Puzzle 23: Easy

		6		2			1	
			3				4	
	4					5		6
	9		7	3				
7		8	4		6	3		1
				8	5		6	
1		4					2	
	3				8			
	6			5		7		

Puzzle 24: Easy

2								1
8	6			4	7		9	
				1	2	7		
				5		6		
4	2						3	5
	9		3					
	1	4	7					
	7		1	2			5	9
6								8

Puzzle 25: Easy

2					3			4
					9			1
6	1	8	2				9	
7								
	8		3		7		2	
								9
	9				6	4	7	3
4			5					
3			9					5

Puzzle 26: Easy

	4		9		7	8		
	7					5		
6		1				4		9
		9	8		6	5		
	6						4	
		2	4		9	6		
8		5				2		4
	2						3	
	1		2		8	9		

Puzzle 27: Easy

				5		2		
		8	6		3			
7	4					3	6	9
				4			2	
2			5		8			1
	8			1				
3	5	2					9	6
			4		6	1		
		4		2				

Puzzle 28: Easy

Puzzle 29: Easy

Puzzle 30: Easy

Puzzle 31: Easy

Puzzle 32: Easy

3			2				1	
6					1	7		4
4			8	3				
			5	2				1
		8				4		
5				7	8			
				6	9			8
7		1	4					9
	9				2			5

Puzzle 33: Easy

					4	5	1	2
							9	
2	8	9			3		4	
7	9				5			
			9		1			
			6				7	9
	4		2			8	3	7
	5							
9	7	2	4					

Puzzle 34: Easy

			8		4			
	3		9		5		6	
6		5				8		2
		3	4		9	5		
	8						7	
		9	1		2	6		
7		1				3		6
	9		2		7		8	
			6		3			

Puzzle 35: Easy

	1			7	3		8	
8		3						5
	2		4					
1	9							2
		7	2		1	6		
5							4	3
					4		1	
3						9		7
	6		8	9			2	

Puzzle 36: Easy

Puzzle 37: Easy

Puzzle 38: Easy

5		2		8		6	
	4	9		6	3		
1						2	
	9	8		2	5		
2						4	
	8	3		4	9		
3						5	
	2	5		1	8		
8		4		7		9	

Puzzle 39: Easy

		2		4	5			6
5		7						
		8	3		7			
	8	1	6					4
	7						3	
3					9	6	2	
			4		8	3		
						1		5
1			5	3		9		

Puzzle 40: Easy

			3	1				
		2	6		8	9		
	8						6	
		9	1		2	3		
6	2						9	7
		7	5		9	8		
	9						7	
		1	2		7	5		
			9		3			

Puzzle 41: Easy

		2	6		7	9		
			9		8			
9	3						2	6
	4	5			3	2		
	1						4	
	5	8			2	6		
1	4						9	2
		4			6			
		7	2		1	3		

Puzzle 42: Easy

2		7		3	8			
					2	8		
1			4					9
	2			6		5	9	
		6				3		
	3	8		7			2	
8					6			3
		2	1					
			3	9		4		2

Puzzle 43: Easy

	7					6		
2			1					8
8			9		7		3	4
6	4	5						7
7						8	4	9
5	8		7		4			1
9					3			2
		3					8	

Puzzle 44: Easy

	4					1		
					3			9
				6		3	7	4
5		6	7	9		2	1	
				2				
	2	9		3	8	6		7
3	6	2		4				
1			2					
		7					8	

Puzzle 45: Easy

	1	7	4					
9	3			7				
			6			3		8
		2	9	8				6
6								3
7				6	5	1		
2		5		4				
			2				4	9
				7	8	2		

Puzzle 46: Easy

3	4						9	7
		5		3		2		
8								5
		1	6		5	9		
9								6
		8	4		7	3		
6								1
		3		6		8		
4	9						2	3

Puzzle 47: Easy

		6		3			5	
3					8	6		1
	5	1	6					
	1	8	4	7				
				6	9	1	3	
					7	2	6	
8		4	1					3
	3			8		7		

Puzzle 48: Easy

By box
By line
- exclude
2 or less

	8		6			9	5	
7				9			4	1
	9		1				2	7
	2		5					8
		8	2		9	5		
					1	2	9	
3	1	9				7	8	
4	7	2	9	1	8			5
8	5	6	7	2	4	1	3	9

Puzzle 49: Easy

8				3				6
			1				5	
9	7	1		2				
2		7	9			4		1
5		6			3	8		9
				6		9	2	7
	1				2			
3				7				8

Puzzle 50: Easy

1	6		4		3			9
	4		9				8	
							4	
5				2				6
		7	1		5	2		
3				9				4
	2							
	3				4		5	
7			8		6		1	2

Puzzle 51: Easy

7		2	1					5
	9		3					
	8					4	7	
	4			2	6	8	1	
				9				
	2	9	8	1			3	
	6	1					4	
					5		6	
2					1	7		8

Puzzle 52: Easy

Puzzle 53: Easy

Puzzle 54: Easy

6	7		3	5			8	
			7		8			
							3	4
		3			9		7	6
		5				2		
9	2		8			4		
7	8							
			2		4			
	4			9	7		5	1

Puzzle 55: Easy

				3		8	4	7
		8						1
	1				5		3	
			5			7		
2	3		1		4		6	5
		6			3			
	2		3				9	
8						5		
7	5	4		6				

Puzzle 56: Easy

8		6				5		2
			9		2			
2								7
		3	5		1	7		
5	1						6	8
		2	4		8	3		
3								5
			1		9			
6		4				8		3

Puzzle 57: Easy

			4		5			
	7	5				1	4	
4	3						7	8
		8	2	5	6	7		
		1	8	9	7	6		
7	8						2	3
	2	6				4	5	
			9		4			

Puzzle 58: Easy

7		5	2			9		
	9			6				
		1			5		6	8
		8					7	2
	4						1	
9	7					5		
1	8		4			6		
				9			2	
		9			6	8		1

Puzzle 59: Easy

				5	4		1	
		3			6			9
			2					4
	3	2			8			1
	5	1				2	9	
6			1			7	5	
8					7			
5			3			6		
	1		8	2				

Puzzle 60: Easy

	7	6					4	
		2		8	6			
	4						3	8
9			5	2		1		
	1						2	
		5		4	1			6
6	5						1	
			2	3		4		
	9					7	8	

Puzzle 61: Easy

	3	1				5	8	
		6	3		9	2		
2	8						6	7
			7		1			
	2						9	
			4		5			
6	7						1	3
		5	9		6	4		
	9	4				8	5	

Puzzle 62: Easy

8			6	9				5
	6		5	2		4		
7								2
		7	9		5	6		
9								4
		3	8		7	5		
4								8
	1		7		4		3	
5			2		8			6

Puzzle 63: Easy

			2			7		
		4	7		3	9		6
	7			8		4	5	
		7	3					
	6						3	
					1	2		
	1	6		4			9	
7		3	1		5	8		
		2			6			

Puzzle 64: Easy

	2	9	4			5		
	5		2					
8		7						
	1	3			6	2		
2			7		5			9
		5	8			1	7	
						9		5
					1		4	
		4			9	8	3	

Puzzle 65: Easy

	6	8	9		4	3	2	
		2				7		
1	9						6	4
			7	4	8			
				1				
			5	2	3			
3	5						8	6
		1				9		
	8	7	1		6	2	3	

Puzzle 66: Easy

5							3	6
9		8		5		4		
6					7			
		1		8	3	7		
			6		2			
		6	4	7		5		
			7					2
		9		1		3		4
1	4							8

Puzzle 67: Easy

	6		5	9	2	1		
	4			7				
1	3							
8		2	6		9			
4								2
			3		4	5		8
							2	3
				3			1	
		7	9	1	8		5	

Puzzle 68: Easy

		6	4		8		3	5
			9			8		1
				7	6			
	3					1		6
		7				4		
8		9					5	
			5	9				
3		8			2			
5	4		1		3	6		

Puzzle 69: Easy

		2				3		
	6		9		8		7	
7	1						8	2
		8	6		4	2		
	4						6	
		5	7		2	1		
4	3						1	9
	5		4		7		2	
		7				4		

Puzzle 70: Easy

5		4				2		3
			4		5			
6	9						4	5
		2	5	1	4	3		
		5	3	9	2	7		
1	5						2	6
			8		1			
4		7				9		8

Puzzle 71: Easy

			7		4			
		8		2		4		
3		9				5		7
		6	2		1	8		
	7						9	
		4	8		5	2		
4		3				6		2
		7		8		3		
			6		9			

Puzzle 72: Easy

Puzzle 73: Easy

Puzzle 74: Easy

Puzzle 75: Easy

Puzzle 76: Easy

		4			2	5		
				5		4	8	
9		2				1		7
	9			3	8		5	
				4				
	1		5	2			6	
6		9				3		1
	3	7		6				
		5	3			6		

Puzzle 77: Easy

4					5	9		
8		9			1			
							4	5
		5	9			3	2	
2			1		7			6
	3	6			2	7		
3	8							
			5			6		1
		4	3					2

Puzzle 78: Easy

3							2	4
6		9		4				
	1						8	
2				7	5		4	6
			4		8			
7	3		9	2				8
	4						1	
				1		5		7
9	2							3

Puzzle 79: Easy

						2		
	4	3	6	2	9		7	
			3	4			8	
4						7	9	8
6	7	5						3
	1			9	6			
	6		2	7	8	1	4	
		4						

Puzzle 80: Easy

Puzzle 81: Easy

Puzzle 82: Easy

3		9				8		
6	2	8			1			
	7				9			3
			2		4	7	3	
				5				
	5	2	3		6			
5			8				6	
			4			9	5	2
		7				3		4

Puzzle 83: Easy

9						2		5
			5			8	7	6
							4	
			7		9	4		3
		5	6		3	7		
8		7	1		5			
	5							
2	8	9			1			
3		6						2

Puzzle 84: Easy

	4					2		
		6	3		1	4		
9	1						6	8
		5	9	7	3	1		
		1	5	8	2	6		
6	8						9	5
		4	2		7	8		
	2					3		

Puzzle 85: Easy

			5			8		4
		4		7				
8				1		2	9	
	5		2				8	9
			6		5			
2	8				3		6	
	4	8		5				3
				2		6		
9		7			8			

Puzzle 86: Easy

9			4				6	
7				2		9		
	5	8			9			
	6			3	2	1	7	
				5				
	8	3	6	1			2	
			2			8	5	
		2		9				6
	1				8			7

Puzzle 87: Easy

		4			1	7		
8		9				2		
						6	3	9
		5	7		2			8
			5		6			
7			1		9	4		
4	5	6						
		2				5		4
		8	2			3		

Puzzle 88: Easy

Puzzle 89: Easy

Puzzle 90: Easy

1	7					2	6	
	8	6	1	5	3			
					6		3	
		4	3				1	
			8					
	2				1	5		
4			2					
			4	6	5	1	7	
	6	1					2	9

Puzzle 91: Easy

	9						7	
			9	5	4			
2		1				6		4
		6	4		7	9		
4								8
		8	3		5	4		
6		5				1		7
			7	6	8			
	3					2		

Puzzle 92: Easy

8			5			6		3
6				4	8	9		
			1					
						2		5
4	2	7				3	6	1
3		9						
			9					
		4	7	2				9
9		8			3			6

Puzzle 93: Easy

4	5							
	8			4	2	6		9
		1	7			3		
						2	1	
9			6		5			8
	3	6						
		7			8	5		
6		5	2	7			4	
							9	7

Puzzle 94: Easy

3						4	2	9
2		7		8		5		
	5			2				1
	9							
		4	7		3	1		
							5	
4				9			1	
		1		7		2		5
5	6	2						4

Puzzle 95: Easy

	3		2		4		1	
6					3			9
8						6	3	
			5	8		6		
1								5
	7		9	1				
	8	7						4
9			7					6
	6		1		2		7	

Puzzle 96: Easy

2				6		4		
3	5		9		4			
1	6			3		9		
					7	1		
4								5
		2	5					
		1		7			3	4
			1		9		6	2
		7		8				1

Puzzle 97: Easy

				3	4	7		
			6		2		8	
4		9					6	
			4				3	8
8		6				5		1
7	5				8			
	9					8		3
	8		2		5			
		2	8	9				

Puzzle 98: Easy

8	1		4		2		5	7
		7				4		
	4	3				8	9	
			7		9			
9								6
			1		4			
	9	1				5	3	
		5				2		
7	8		9		3		6	4

Puzzle 99: Easy

	7	9				8	5	
	5		7	1	8		4	
4								2
			2		4			
8								4
			5		1			
3								1
	4		6	2	3		7	
	8	2				5	6	

Puzzle 100: Easy

1					4	5	3	
		9		1				
		4	9	5				8
			8				5	
		3	1		7	4		
	4				5			
6				2	9	7		
				7		8		
	7	5	6					3

Puzzle 101: Easy

2					2		8	6
		3		7				2
7						5	3	
5	6		3	2				7
4				1	8		5	9
	9	4						5
8				6		9		
3	2		5					

Puzzle 102: Easy

4			3	6		5		
			1		5	9	4	2
			9	5			2	
9	6						7	5
	4			8	3			
7	3	4	5		9			
		6		4	2			1

Puzzle 103: Easy

	8				7		9	5
	1			2				
3		9	5	8	1			
5						3		
4								6
		6						7
			7	6	2	4		9
				5			2	
8	2		4				6	

Puzzle 104: Easy

Puzzle 105: Easy

Puzzle 106: Easy

3								6
		4				3	7	
				4	6	9	8	
7		6	8				4	
2								1
	4				9	3		2
	5	2	9	1				
		3	7			2		
9								4

Puzzle 107: Easy

6			3		7	8		
	9		2	1	7			
		7		8				
	4	8	1					
	7						5	
					3	8	2	
			2		1			
		5	9	4		6		
	5	2		7		3		

Puzzle 108: Easy

6	5				8	1		3
			5	7			8	
				4		2		
				9		3	5	
			2		3			
	6	7		8				
		8		3				
	1			5	9			
5		6	7				9	4

Puzzle 109: Easy

				5		6		9
9			2		3		4	
		8		1	9			
	7				5		9	
			3		7			
	6		9				8	
			7	2		3		
	5		8		6			4
2		4		3				

Puzzle 110: Easy

			4	6	5			1
		2			7			5
	9		1			8		4
	5					6		3
9		7					8	
2		1			4		3	
5			9			4		
8			7	2	3			

Puzzle 111: Easy

			8	4	2	7	3	
	7							
2					6			
		6				3	8	
9		7	5		3	2		4
	5	4				9		
			3					2
							1	
	1	2	6	8	4			

Puzzle 112: Easy

Puzzle 113: Easy

Puzzle 114: Easy

			9	2	6		5	
	2	8	1					7
	9							2
	3		7			9	6	
				5				
	7	1			3		2	
6							7	
3					9	1	8	
	1		4	8	7			

Puzzle 115: Easy

	9					7		8
5	2				8			6
			6	2				
		2			5	1	9	
	1						5	
	5	3	9			2		
				3	6			
2			7				3	9
4		6					7	

Puzzle 116: Easy

9	8						2	
	2		3				1	
		5	7					8
	3							6
5		8	6		9	2		3
2						9		
3					2	1		
	4				5		6	
	9						4	7

Puzzle 117: Easy

	5	9			8			
6						4		1
			3			8		7
		8	6					
1	4						6	2
					9	5		
2		1			3			
5		7						3
			1			2	7	

Puzzle 118: Easy

	5							
		3	7					6
		6		3	5	9	7	
	8			5	2			
		7	3		1	5		
			9	4			8	
	1	8	2	9		6		
9					4	3		
							2	

Puzzle 119: Easy

	8							3
2							4	
4		1	5	9				7
	4		7					
5	2	8				9	7	4
					5		6	
1				3	7	8		9
	6							5
7						3		

Puzzle 120: Easy

		2			7		8	4
8						9	5	
	5				6			3
7			4	3				
	6						4	
				8	9			2
1			2				9	
	2	4						1
3	8		1			5		

Puzzle 121: Easy

	5			9				
8			5		3			2
			8				4	7
		8			1	4		
	1	5				3	7	
		7	6			2		
2	8				6			
5			1		7			9
				4			6	

Puzzle 122: Easy

		3	8				7	
7						9		6
	6		4		2			5
		4		1				3
	7						9	
8				5		2		
2			5		9		4	
4		5						7
	1				4	8		

Puzzle 123: Easy

1			2	9				
	4	2				7		8
					3			
	9			1			3	
7		3	5		4	8		9
	5			2			4	
			6					
2		5				3	6	
				8	5			1

Puzzle 124: Easy

Puzzle 125: Easy

Puzzle 126: Easy

1		9				2		8
			9			3		
	4		6			5	1	
	3		7	2				6
8				4	6	9		
	5	2			9		7	
	1			7				
9		6				1		3

Puzzle 127: Easy

	9		2			4		
			7	8				6
	5			1	6		2	
				2		3		
2	3						9	7
		1		6				
	7		6	3			8	
1				7	4			
		3			1		5	

Puzzle 128: Easy

	3		1					5
	4		5			6		9
1		5						
		2		1			6	
	1		8		3		5	
	9			2		7		
						5		8
7		9			6		2	
8					4		9	

Puzzle 129: Easy

5	1	4	3					8
			4					
	8	7		9				
							4	6
9		3				7		5
8	6							
				7		6	1	
					1			
7					5	9	3	4

Puzzle 130: Easy

	8	2	9				5	
		3						
9	5		8			6		2
	3	7	4				1	
				8				
	2				6	9	7	
5		6			1		8	7
						1		
	1				9	4	3	

Puzzle 131: Easy

	5			1	9			
		8					9	7
4	9				6	8		
			3	2	7			
2								3
		4	1	5				
		6	9				7	5
8	2					4		
			5	2			1	

Puzzle 132: Easy

9	1						4	5
		6	5		1	3		
5								9
		8	9		3	2		
	7						5	
		4	8		7	1		
8								6
		5	3		6	9		
6	4						2	1

Puzzle 133: Easy

						6		8	4
8			3			2	7	
7				2		1		
3			5					
		7	1		4	3		
					8			9
		1		8				2
	9	6			3			7
2	8		6					

Puzzle 134: Easy

	8			3	7		1	
				6		8	9	2
2	9	3					7	
	5		7		3		2	
	4					3	8	1
7	3	5		2				
	1		9	7			4	

Puzzle 135: Easy

	1	2	5					
8	5							4
			3			8		9
			4	6		5	3	
			9		7			
	6	4		5	8			
5		9	1					
4							6	3
					3	7	9	

Puzzle 136: Easy

	8		9		2		7	
		2				5		
5								6
		5	4	3	1	8		
	7						4	
		4	7	8	6	9		
2								9
		9				3		
	6		1		3		2	

Puzzle 137: Easy

2			5			4		9
4								6
3			9			1	7	
					8		1	4
	5						2	
6	3		2					
	2	6			7			8
9								1
1		8			4			3

Puzzle 138: Easy

	7					9		2
			7	9			1	5
					8	6		
		5	9	3		4		
3								1
		2		7	4	5		
	6		8					
7	5			4	6			
1		4					8	

Puzzle 139: Easy

5	4						1	8
			1		5			
7		2				5		6
		5	3		1	2		
	2						8	
		3	4		8	7		
8		4				3		7
			6		3			
3	5						2	4

Puzzle 140: Easy

8	5						2	7
	3	7	9		8	4	6	
2								3
			1	3	9			
				7				
			5	6	4			
5								4
	1	9	4		3	5	7	
4	7						3	8

Puzzle 141: Easy

		3	8		7	5		
			9		6			
8	4						6	3
		1	2		4	3		
9								5
		4	5		9	6		
2	1						3	6
			4		2			
		8	6		3	9		

Puzzle 142: Easy

		9	5			2		1
	4	6		2	7			
8			3				9	
		5		1				
			2		5			
				4		1		
	2				3			6
			4	7		3	2	
4		7			2	5		

Puzzle 143: Easy

7	8	9	2		3		5	
	6			8				
			4	5				
		8			7			
3	4						6	2
			1			5		
				4	6			
				7			3	
	2		3		5	6	8	4

Puzzle 144: Easy

	1							
8		5	1	4	7			
		9		3		1		
9		8			4	6	2	
				5				
	2	4	7			3		8
		3		2		5		
			6	9	5	2		3
						1		

Puzzle 145: Easy

5			7				2	
				2	6			1
1		2					4	
		9				4		8
8			9		5			2
6		7				3		
	6					2		5
2			5	4				
	9				1			4

Puzzle 146: Easy

			7	5			8	2
				3		9		
	2					1	3	
			5		7	8		3
	4						9	
7		3	4		8			
	9	2					6	
		5		2				
8	1			4	5			

Puzzle 147: Easy

			7		3	9		
				1				
6					4		5	1
1					5	7		2
5		2				6		4
9		8	2					3
4	8		9					5
				6				
		1	3		2			

Puzzle 148: Easy

		2	1				6	
7		9		4		2		1
3			2					
1	3	5						9
4						8	1	3
					2			8
9		4		3		5		2
	5				8	6		

Puzzle 149: Easy

	6	2			3			
			9			3	4	
	5				1	8		
	3					9		8
	8	6				2	1	
2		1					5	
		4	5				3	
	2	3			7			
			2			4	9	

Puzzle 150: Easy

					5	7	2	8
7								
			3		2		4	9
5			7	6				3
			9		8			
4				3	1			5
6	5		8		7			
								2
8	7	9	4					

Puzzle 151: Easy

		6	4		8	2		
		5				3		
9	8						4	1
			5	7	3			
	1						7	
			2	1	4			
7	6						8	5
		2				6		
		1	7		9	4		

Puzzle 152: Easy

6					1			
	9		6			7		
1	2	4			3			
8				7	6			
2	1						7	4
		5	9					2
			4			2	9	3
		6			2		8	
			8					7

Puzzle 153: Easy

|

		2						6
1								4
4		6	8	2		1	7	
			5	4			9	
		3				6		
	4			3	2			
	3	8		5	4	9		1
5								3
9						7		

Puzzle 154: Easy

	2	5					6	
		4	2					9
3		8					4	7
	3	1		8		6		
		7		4		3	1	
9	8					5		6
7				5	2			
	1				9	4		

Puzzle 155: Easy

				8				
		2		4	7			5
5		9			3			1
		1	8					9
	3		4		2		6	
8					5	2		
6			3			7		8
2			7	5		9		
				6				

Puzzle 156: Easy

Puzzle 157: Easy

Puzzle 158: Easy

		2			6		
	4		3			9		5
7		9			4			2
	3	1					5	4
2	7					8	3	
6			5			1		9
1		7			9		8	
		3			8			

Puzzle 159: Easy

1			6		5			4
			2					
9	6		7			2		
				7		4		
2	1	9				7	5	8
		7	1					
		1			8		3	5
					2			
8			3		6			9

Puzzle 160: Easy

	7					8		
	8		9		1	4	6	
			5	4		2		
1		9					2	
			6		5			
	5					9		4
		5		2	6			
	4	1	3		9		7	
		7					5	

Puzzle 161: Easy

5	2		9	1				
1				3			6	
	6					1	3	
				5		9	4	
9								6
	7	2		9				
	3	5					7	
	1			4				8
				6	1		5	4

Puzzle 162: Easy

6			8		3			1
			1		5			
3		7				2		8
		1	3		2	5		
	6						8	
		8	4		1	9		
8		3				6		7
			2		7			
9			6		8			5

Puzzle 163: Easy

4	5	9			6	3		
1			4					2
					3		4	9
						9		
	9	5				4	7	
		6						
7	3		1					
9					7			5
		8	6			7	1	3

Puzzle 164: Easy

5	7		1		2		3	6
		1				5		
	9						4	
		7	8		4	2		
9								4
		6	9		5	7		
	6						7	
		5				8		
3	4		5		8		2	1

Puzzle 165: Easy

	9						5	
			3		4			
7		2				4		6
		8	5		1	7		
	5						1	
		6	7		2	3		
2		4				8		3
			6		8			
	8						9	

Puzzle 166: Easy

Getting Tricky

Puzzle 167: Tricky

Puzzle 168: Tricky

Puzzle 169: Tricky

	3		2		4			8
		9		6		5		
	4		8				7	
9				4			8	
		3				4		
	5			1				3
	8				7		2	
		1		8		7		
6			5		1		3	

Puzzle 170: Tricky

			4			3		
9			4			3		
		6		5	2			9
			8				2	
5			1	8				
6	4						5	1
				9	5			4
	8				6			
4			5	2		9		
		1			3			5

Puzzle 171: Tricky

6						8		
	3	1	8			6		
2			9		6	3		4
	5				7		1	
				8				
	1		3				8	
1		9	2		8			6
		7			9	2	4	
		3						9

Puzzle 172: Tricky

					1	5		
		4				3	8	
5			9				7	
		9		3			1	
	5	1	4		6	2	3	
	7			1		6		
	4				3			9
	3	6				1		
	9		7					

Puzzle 173: Tricky

4	5			6		7	1	
7			1				6	
						5		3
	2			3				
8		1				6		5
				5			9	
1		4						
	6				4			8
	3	8		1			5	9

Puzzle 174: Tricky

	8		7			4		
	1	9		3			8	
	7	3				2		
5			8					
		7	4		9	1		
					3			5
		8				6	1	
	3			7		5	9	
		6			5		2	

Puzzle 175: Tricky

	1					9		
3	8			2	9	1		
		4			8		2	
4			9		3			
1								4
			2		1			7
	2		3			8		
		8	1	5			3	2
		6					7	

Puzzle 176: Tricky

	5	1				2	7	
	3		7	2	6		4	
7								8
		2	1		4	7		
		9	6		8	1		
2								7
	7		9	1	2		3	
	1	5				9	6	

Puzzle 177: Tricky

5			4			6	8	
	2							4
	6		2		8			9
9		1				2	6	
				1				
	5	7				9		3
2			7		4		5	
4							9	
	1	8			5			6

Puzzle 178: Tricky

		2		1	8		6	
	1					3		5
		9		5				
	6	1	9	2	7			
			1	6	5	2	4	
				3		9		
7		8					3	
	9		4	8		7		

Puzzle 179: Tricky

			4		5			
	4	3				1	5	
6	5						7	2
		5	1		2	7		
	8						3	
		7	3		8	6		
8	9						6	4
	7	6				8	9	
			8		9			

Puzzle 180: Tricky

	7			3	5			9
	4		2		9	7		
		6	7	8				
5		1						
	6						5	
						2		6
			9	7	3			
		7	3		6		8	
1			5	2			6	

Puzzle 181: Tricky

7	6		1					
			9			5		
		2	8	7				
5		6				4	9	
		1	7		9	6		
	9	8				5		7
			8	1	3			
	3		4					
				7			8	9

Puzzle 182: Tricky

6	2		1			8		
	1	3			8			
	4					6		
		6	8					4
		2	9		5	1		
9					4	3		
		8					6	
			7			2	5	
		1			3		9	8

Puzzle 183: Tricky

	1	3			2	6		
	2						7	
				4			9	1
7	4		8					
3		2				8		9
					5		1	7
2	8			1				
	3						2	
		9	6			1	3	

Puzzle 184: Tricky

					5			8
	9				1		4	
		3		7				2
2		1	9		6		3	
	8						6	
	6		2		3	9		5
9				5		6		
	2		7				8	
8			6					

Puzzle 185: Tricky

3							6	
7		8	1	6			2	
			3				1	7
		2	4		1			6
6			7		3	2		
4	3				9			
	9			5	7	1		4
	8							9

Puzzle 186: Tricky

				7		8		1
			6			4	7	
				5		2		6
	4		7					5
8		2				6		7
6					9		8	
7		5		8				
	3	1			7			
2		9		1				

Puzzle 187: Tricky

	8					5		7
		3		6				
	9	4			2			
	3			7	8		9	
9			5		4			6
	4		9	2			5	
			6			4	7	
				5		3		
8		2					6	

Puzzle 188: Tricky

Puzzle 189: Tricky

Puzzle 190: Tricky

Puzzle 191:

		4		6	3			5
	9		4		1		8	
								7
			5	7		8		
	1		3		8		2	
		7		1	4			
6								
	3		9		7		6	
5			2	4		1		

Puzzle 191: Tricky

Puzzle 192:

					4			6
		7	3		1			
5	9			8	2			
7			3	5				1
		4				6		
2			4	6				5
			7	5			8	4
			8		3	9		
9			1					

Puzzle 192: Tricky

			9			4		3
				8				
6	9				3		8	2
7	8			9				
		4	1		5	7		
				4			2	6
5	4		6				1	7
				1				
8		3			7			

Puzzle 193: Tricky

	3	8		5				4
			1				8	
					4	1	7	
	5	7			8	2		
			3		9			
		2	5			3	1	
	6	3	7					
	4				1			
7				9		4	3	

Puzzle 194: Tricky

9			2		3			4
	4		5		8		2	
		8				1		
		7	8		1	5		
8								2
		1	3		2	7		
		6				3		
	8		1		6		5	
3			9		7			1

Puzzle 195: Tricky

				5			1	3
5		6	8			7		
	3					8		
							7	
4		1	3		7	2		9
	9							
		2					6	
		4			9	5		1
7	5			1				

Puzzle 196: Tricky

						8		
		3			4		9	5
	9			6	8			2
1		9			7			6
			8		6			
6			9			5		3
2			7	8			4	
9	3		2			6		
		8						

Puzzle 197: Tricky

2			4			1		
		1	2	5		6		
			9				2	
5	2						4	
	8	7				9	1	
	9						6	7
	3				9			
		5		7	2	8		
		9			5			3

Puzzle 198: Tricky

Puzzle 199: Tricky

Puzzle 200: Tricky

Puzzle 201: Tricky

Puzzle 202: Tricky

			9				8	
	1					5		
7		8			4		9	
1				9	2	7		
	3		4		7		5	
		7	5	6				8
	4		3			8		2
		3					1	
	7				1			

Puzzle 203: Tricky

		4	3				8	
								5
	8	3	5		9			
	4				2		5	
7		1	6		4	8		9
	6		9				3	
			1		8	5	7	
1								
	2				7	6		

Puzzle 204: Tricky

Puzzle 205: Tricky

Puzzle 206: Tricky

			8		3	6		
	5					8	3	9
		6			4			5
	9			1				8
2								1
8				9			6	
5			1			9		
7	3	1					4	
		8	3		5			

Puzzle 207: Tricky

4			7		6	2		
1					5			
				9	1			
	1		4	2			8	
8		5				4		3
	4			5	9		6	
			6	7				
			5					2
		6	9		2			5

Puzzle 208: Tricky

3		2			6	7		
	9	4					2	1	
			7						
			2	8			3		
	1		9		5		2		
	5			4	1				
					2				
	7	9					6	2	
		1	8			9		5	

Puzzle 209: Tricky

1				5	6			
4			1					5
			7	4		2	3	
	8						2	
2		7				9		8
	4						1	
	9	6		1	3			
8					5			9
			9	7				4

Puzzle 210: Tricky

					8	6		
	7	1					4	
6		4			1			
2		6						
1			8		7			2
						9		4
			9			2		7
	2					5	1	
		8	3					

Puzzle 211: Tricky

		2			9			
			6	1	3		5	7
		3		8				1
	3		7					8
7								2
2					8		7	
1				3		5		
4	8		1	5	2			
			4			1		

Puzzle 212: Tricky

Puzzle 213: Tricky

Puzzle 214: Tricky

5						7		
6					3	8		5
		9			5		1	
	9		3		2			
	7	3				2	9	
			7		9		6	
	8		6			3		
3		1	8					7
		4						2

Puzzle 215: Tricky

7	3	9		1	5	4		
			4					5
			8	2				
		1				2		7
			2		3			
6		8				9		
			9	2				
8					6			
		4	7	3		1	5	2

Puzzle 216: Tricky

		4	9				2	
			8	4	1		3	
5		8	6					1
								4
	4		3		2		8	
9								
6					8	4		9
	9		2	5	7			
	8				9	5		

Puzzle 217: Tricky

		7			8		3	9
		3	6				2	
	9		4	2				
		2				1	7	4
8	1	4				5		
				9	4		5	
	4				6	3		
7	3		5			9		

Puzzle 218: Tricky

Puzzle 219: Tricky

Puzzle 220: Tricky

4		1				3		6
	5	3				8	2	
2		8				7		4
			4		9			
	2						3	
			1		8			
5		2				1		3
	3	6				2	4	
7		4				6		8

Puzzle 221: Tricky

	7			4				
3			6		7			4
			9				1	6
		4			2	5		
	5	1				3	8	
		9	1			4		
1	2				8			
4			2		9			5
				3			2	

Puzzle 222: Tricky

		2				7	5	6
	1		5	8				
7		3	6		9			
3					6		4	
				3				
	7		2					1
			1		5	9		4
				7	3		2	
5	3	4				1		

Puzzle 223: Tricky

1		7				2		
2	5	4			8			
	3				2			7
			3		4	9	6	
				1				
	4	3	2		6			
4			6				8	
			7			6	2	5
		5				1		9

Puzzle 224: Tricky

		9	5		6			
5	2		4					6
7			2					5
		2	3			5		
	1						6	
		5			1	7		
3					4			8
4					2		9	7
			1		8	4		

Puzzle 225: Tricky

5		6						
	8			4		5	7	9
	9				2		1	
9			1			8		
			4		6			
		4			7			5
	5		2				8	
8	4	1		6			3	
						1		7

Puzzle 226: Tricky

	3							4
			2			9		
			4	9	1	6		7
5	6	4						
2			1		4			5
						8	4	2
7		5	3	1	6			
		1			5			
3							2	

Puzzle 227: Tricky

5		1						
	7					8	4	
3					5		9	
	6		7			9		4
8								2
9		3			4		6	
	3		4					1
	2	6					3	
						4		8

Puzzle 228: Tricky

Puzzle 229: Tricky

Puzzle 230: Tricky

Puzzle 231: Tricky

Puzzle 232: Tricky

		5			9		3	6
						5	7	9
	6		2					
				2		4	5	
			1		7			
	2	7		6				
					3		8	
2	3	8						
5	1		8			3		

Puzzle 233: Tricky

		9	4			2		5
	4				9			
					1	6	4	
			7		8		6	
2	5						7	3
	8		6		5			
	6	1	8					
			3				5	
4		7			2	1		

Puzzle 234: Tricky

5						9		
	1					4	2	
		4	9	6	7	1	5	
			4			8		
			5		3			
		2			9			
	7	9	2	3	4	5		
	6	5					4	
		3						7

Puzzle 235: Tricky

	5					3		
	9		1		6			
3						1		9
	7	4	8					
1			7		5			6
					1	2	8	
8		6						5
			5		8		3	
		5					9	

Puzzle 236: Tricky

	7	3		5			1	
				2	4	3		5
						4		
	4			1				3
3			8		2			9
2				9			5	
	2							
6		4	9	8				
	3			4		8	7	

Puzzle 237: Tricky

	5						1	
		9		6	2			7
		6	7		5		8	
4					9			
1		8				5		9
			4					2
	6		5		8	3		
5			2	9		8		
	8					2		

Puzzle 238: Tricky

		4	9		8	3		
	6			1			8	
9	3						5	4
		7	5		1	4		
		9	3		6	5		
5	4						6	9
	7			9			4	
		6	8		4	7		

Puzzle 239: Tricky

			8				5	3
	8	3				7		9
				1		2		
		5		6	1			8
2								1
1			9	4		5		
	5			7				
7		4					9	8
9	3				2			

Puzzle 240: Tricky

			8	7		1		
				9			7	2
5					4	3		
	3						4	6
		4	1		7	2		
6		1					8	
		3	4					5
7	9			3				
		5		8	9			

Puzzle 241: Tricky

		9	2	1				6
	5		4					2
7								8
			1	2		4	6	
	7						1	
	1	8		5	6			
1								3
9					1		2	
8				7	2	6		

Puzzle 242: Tricky

	1		5		9		2	
		6		4		9		
2		5				6		4
			1		8			
4								8
			4		3			
9		7				2		6
		1		3		8		
	8		7		2		4	

Puzzle 243: Tricky

					6	9		
	6				2			3
1	9	7					6	
		8		3			4	2
		2				8		
6	4			8		5		
	7					3	9	4
3			9				2	
		1	3					

Puzzle 244: Tricky

					9		5	
6			2			8	9	
				7		1		
	9	2				3	7	8
			7		2			
7	6	3				5	1	
		7		5				
	8	1			3			9
	4		9					

Puzzle 245: Tricky

1								4
			5	3		1	9	
7		4			1			
		9	8		3		4	
				7				
	8		4		2	6		
			7			4		1
	7	3		5	8			
2								5

Puzzle 246: Tricky

				3		6	5	
4								8
			1		4	9		7
	4	3		1	9		7	
				2				
	9		5	8		1	4	
7		4	9		2			
8								5
	5	9		7				

Puzzle 247: Tricky

	6					8		1
		8			9	7	6	
3					8			9
4	5		3				1	
				7				
	9				6		7	5
7			8					6
	4	3	6			2		
6		5					4	

Puzzle 248: Tricky

2			4	5	8	3		
					1	4	5	
5					7	6		
			6				3	
	9						8	
	8				2			
		9	8					4
	6	2	5					
		1	3	2	4			9

Puzzle 249: Tricky

2	8		5		7			9
5				8				
		6	2	4				
1						7	6	
	5						9	
	9	7						3
				3	4	1		
				5				4
9			7		6		2	5

Puzzle 250: Tricky

	4			5			1	6
3			4			9		
	5		7	9			3	
	8		5					
	3						8	
					2		6	
	7			1	4		2	
		3			5			4
8	1			3			7	

Puzzle 251: Tricky

6		1			9			
			6			8		
				3	7	1		6
						4	5	9
	8						6	
9	3	6						
5		2	4	7				
		9			8			
			3			6		5

Puzzle 252: Tricky

Puzzle 253: Tricky

Puzzle 254: Tricky

	1		8			4		
					7		8	
6	8	2						
9			2	8				6
5								2
8				7	9			3
						9	1	4
	3		6					
		9			4		6	

Puzzle 255: Tricky

						2		1
9	6	4			8			
	2			5	3			4
						3	2	
		3	9		2	6		
	5	6						
6			1	8			4	
			7			1	3	8
8		7						

Puzzle 256: Tricky

	6	8	1			3		2
		1		6				
	7					6		
7				1	8			
1		5				9		8
			4	3				6
		3					6	
				5		4		
8		9			4	5	3	

Puzzle 257: Tricky

	8		1			4		
9	6		5					
					7	1		5
		2	9			8	4	
				7				
	4	5			8	6		
6		9	2					
				4			6	2
		3			6		7	

Puzzle 258: Tricky

8			3		7			9
	1						5	
7	2						1	4
		1	8		9	5		
	9						3	
		5	6		3	9		
9	3						4	5
	4						7	
5			4		2			3

Puzzle 259: Tricky

			9	3		8		
				7	6		2	
5		2						7
			3				4	6
	6		2		5		1	
9	3				7			
2						6		4
	8		4	2				
		4		6	9			

Puzzle 260: Tricky

			5	7	2			
	5		1	4				7
		6						8
	1	9					3	
		5				4		
	3					7	2	
4						1		
2				3	4		7	
		7	9	2				

Puzzle 261: Tricky

		9	2				4	
				9		3		2
			5				7	
2	6	4				9		1
		1				8		
7		8				2	6	4
	8				5			
1		6		4				
	3				9	7		

Puzzle 262: Tricky

		8	5			1	6	
		7	9					
6				7	3		8	1
		9						8
	1						4	
4						1		
9	7		8	1				5
				9	2			
		1	2		7	8		

Puzzle 263: Tricky

9	6	2						
	4			2				
5					8	6		
			7			3	5	1
	2	5				9	7	
4	3	7			1			
		8	2					5
			3			1		
						4	9	3

Puzzle 264: Tricky

Puzzle 265: Tricky

Puzzle 266: Tricky

	8							1
	4		7					
	3		1		8		5	
1		6	2	8		3		
		4			9			
		8		5	1	9		7
	5		8		6		9	
			3		4			
7							2	

Puzzle 267: Tricky

				1			7	
			9					3
	9	7	8			5		
1			7	2				5
	8	6				2	4	
7				6	4			1
		2			5	7	8	
5					2			
	7			8				

Puzzle 268: Tricky

	4	9	5		6			
	1		2	8	7	9		5
			9					
	8	2						
5								4
						3	6	
			7					
4		7	1	6	8		9	
			3		5	2	1	

Puzzle 269: Tricky

		7	1				2	5
5			4					
					3	1		6
4			3		1			
	2						8	
			9		7			2
1		8	7					
					9			3
9	7				2	5		

Puzzle 270: Tricky

		6	9			8		1
9	3							
	8		6	1				
5	7	4		6				
		2				4		
				2		7	3	5
				9	5		1	
							7	2
6		5			7	9		

Puzzle 271: Tricky

9	4		1				7	
7					3	2	8	
			8			9		
		5					3	
3			4		7			5
	9					8		
		9			1			
	6	4	7					3
	2				9		1	7

Puzzle 272: Tricky

Puzzle 273: Tricky

Puzzle 274: Tricky

		8			4	9	7
	1			4			
			7		6		
				7	2	1	
	1				5		
2	6	4					
	7		8				
		5				3	
2	8	3			6		

Puzzle 275: Tricky

	2	5				3		
3		4			9			
	5	3	9			7		
9		6				8		
	1				2			
	7			4			9	
	3		8	6		1		
	8			3			4	
	2			9	3			

Puzzle 276: Tricky

	4							3
1	5		4		2			
		8			3			7
	8		3	4				2
	7						4	
4				5	9		8	
8			2			6		
			6		7		9	1
9							2	

Puzzle 277: Tricky

			7					
		3	8				1	
		7		1	9	8		
	7	5			1		8	
6			5		7			1
	3		6			2	7	
		8	4	9		5		
	2				5	6		
				2				

Puzzle 278: Tricky

	7	3	9	2			4	
		6			4		8	
4	9				8			
				7				4
	1						3	
3				1				
			2				9	1
	4		3			5		
	8			4	7	6	2	

Puzzle 279: Tricky

	8		2		4		7	
				8				
	4	2				6	1	
		8	3		5	2		
5								6
		3	4		9	1		
	2	7				9	4	
				9				
	9		8		3		6	

Puzzle 280: Tricky

Puzzle 281: Tricky

Puzzle 282: Tricky

6			4					3
			8		6			
				1	7		8	9
		3		6			1	
	1	7				9	4	
	9			4		3		
9	8		3	7				
			9		2			
3					4			7

Puzzle 283: Tricky

9			5		3			7
	4		7		6		3	
		7				6		
		3	9		1	8		
6								5
		2	6		4	3		
		1				5		
	2		8		5		6	
7			3		9			2

Puzzle 284: Tricky

	4			6				
5			3		2			6
			9				4	1
		9			1	7		
	7	4				6	1	
		6	2			9		
8	9				6			
4			7		9			5
				3			6	

Puzzle 285: Tricky

	9							
	1	3	8		7			6
		2			5	4		
7				1	3			
9	2						3	7
			7	2				8
		5	1			9		
2			5		4	3	7	
							5	

Puzzle 286: Tricky

7	4					8	1	
3				1				
		2	5					6
9					5	1		4
			8		9			
8		7	3					2
4				3		6		
				8				1
	2	8					9	3

Puzzle 287: Tricky

			5			1		
		4	2				5	3
8			6		4	2		
	2		9			5		
		7				4		
		6			8		9	
		1	4		2			5
3	4				5	9		
		8			3			

Puzzle 288: Tricky

			5				7	
5	6		1	8		9	4	
		4						
9	5			6		3		
	4						9	
		8		9			6	4
						5		
	8	5		7	4		3	2
	9				6			

Puzzle 289: Tricky

		7	3	8			5	2
				7	4			
9								6
		5			6	3		
8		2				4		1
		4	1			2		
4								3
			4	3				
5	2			1	7	6		

Puzzle 290: Tricky

					3			
2	1	8						7
6		7	9					4
	2		8		7		6	5
5	7		6		1		2	
8					2	1		9
1						4	7	6
			5					

Puzzle 291: Tricky

1		6	5	4				
2							3	
4		5		8				
	2				6	5		
3			1		8			6
		4	9				7	
				9		6		1
	8							7
				5	2	3		4

Puzzle 292: Tricky

Puzzle 293: Tricky

Puzzle 294: Tricky

1	4					8		
			9		7			4
3		2						
				9	1		4	8
6	8						1	2
4	2		8	6				
						2		6
7			1		9			
		5					7	9

Puzzle 295: Tricky

1								9
			6		4		7	
	2			7		1	6	5
				5		6		1
	4		3		8		9	
8		7		6				
2	7	4		9			3	
	9		2		5			
6								

Puzzle 296: Tricky

4						6		1
		6	8			3		
	2		1		7			
5		3	6			7		
	7						6	
		1			3	4		2
			3		4		1	
		4			9	5		
7		2						8

Puzzle 297: Tricky

8		6				9		
9	1	4			6			
	2				4			8
			4		8	5	9	
				6				
	6	5	1		2			
1			7				6	
			8			3	4	7
		3				1		5

Puzzle 298: Tricky

					4	3		2
	9				7			
	6				5		7	
5			3	7		9		4
		4				8		
7		6		5	9			1
	7		5				8	
			6				2	
6		2	7					

Puzzle 299: Tricky

					6	4		
7			1				3	
3	9					1	8	5
							1	9
8			6		1			3
4	1							
9	2	8					6	1
	4				9			2
		3	8					

Puzzle 300: Tricky

Puzzle 301: Tricky

Puzzle 302: Tricky

6			3		9		7	
					7			
	7	3	4					9
	2			6				7
8	6						2	3
3				2			1	
7					5	3	8	
			1					
	5		8		2			4

Puzzle 303: Tricky

2			3		1			7
	7						1	
	4	1				9	2	
		2	7		9	4		
6								1
		3	6		8	5		
	3	6				1	4	
	5						8	
1			4		6			5

Puzzle 304: Tricky

8		6				2		7
	7			3		9	8	
			4			5		
7		2	3					
	5						3	
					5	7		2
		8			6			
	9	1		7			5	
5		7				3		8

Puzzle 305: Tricky

5			6				3	
3		7		8				
			7	3	5			
			1			7	9	4
			3		6			
4	1	8			7			
		9	8	3				
				6		3		2
	3				2			1

Puzzle 306: Tricky

		4			8			
			6	2				5
1			7	5		8		9
6						4		8
			2		9			
4		7						2
8		5		3	1			7
7				8	6			
			5			6		

Puzzle 307: Tricky

9			1			3		
4			8				7	1
	7			3	4		8	
		9			2			
		2				1		
			6			7		
	2		4	9			5	
6	1				3			7
		5			6			2

Puzzle 308: Tricky

	1		6		4		5	7
5			1		9		4	
					8			
	2		8					5
		7				9		
3					2		1	
		2						
	4		9		3			8
6	3		2		1		7	

Puzzle 309: Tricky

		9						3
		5	8	6			1	
6					5	4		
7				3	2		4	
		2				1		
	6		4	8				7
		8	2					1
	1			9	6	8		
3						9		

Puzzle 310: Tricky

	4	3				9		
9		5	2			8		
				1				2
		2	4		8	7		
4								8
		8	3		1	5		
8				6				
		1			7	6		9
		4				3	1	

Puzzle 311: Tricky

				7			2	
6			8	1		4		
		5	2				6	
2	5							6
4		8				7		9
1							5	2
	7				1	6		
		6		3	8			5
	8			5				

Puzzle 312: Tricky

2					7			5
9		6		5				
	8	3				4		
			3	8				2
		2	7		9	8		
3				4	5			
		4				6	8	
				9		1		3
1			6					4

Puzzle 313: Tricky

6			1		2			7
		2	5	7	4	8		
7								5
		5	8		6	9		
		8	7		3	2		
5								1
		7	4	1	5	6		
9			2		7			8

Puzzle 314: Tricky

Puzzle 315: Tricky

Puzzle 316: Tricky

			2		8		9	
1			7	3	5	2		8
								1
	8							9
	3	5				4	7	
4							2	
7								
8		1	9	2	7			5
	6		3		1			

Puzzle 317: Tricky

		6				4		
9				5		1	3	
		2		9	3			
5				3	8		4	
3								9
	9		2	7				1
			7	2		9		
	4	3		6				7
		9				8		

Puzzle 318: Tricky

3		5				4	7	
			5	6		8		
			2				6	
6	2	3			5			
	7						5	
			9			3	4	6
	1				2			
		6		5	1			
	9	2				7		1

Puzzle 319: Tricky

2	3						1	7
			3		2			
1		5				2		3
		3	8		7	9		
		4	5		9	7		
6		2				3		9
			4		6			
9	7						6	5

Puzzle 320: Tricky

Puzzle 321: Tricky

Puzzle 322: Tricky

Puzzle 323: Tricky

Puzzle 324: Tricky

7					6	1		
			5	7		2		
	6		4					5
	3	1		5				
9			6		1			2
			8			1	9	
6					2		4	
	4			6	5			
	5		8					6

Puzzle 325: Tricky

1								5
		6		5		4		
5	9						2	8
		7	1		8	9		
	3						6	
		9	4		6	3		
7	6						8	4
		4		8		7		
9								6

Puzzle 326: Tricky

9	8				1	5		
4	2						3	1
		7						
	9		4			3	2	
				1				
	7	6			5		8	
				8				
8	5						1	7
	4		1				6	9

Puzzle 327: Tricky

				6	2			
7		2			1		9	
	1	6	7			5		
	7	1		8				
4								2
				7		6	8	
		3			7	8	6	
	2		6			4		9
			4	9				

Puzzle 328: Tricky

		7			1	9		
	2		3					
8				4		6		5
7	3						8	
4	9						3	6
	5						9	2
3		4		8				9
					5		6	
		5	2			3		

Puzzle 329: Tricky

				4		1		
	6			3	1			7
		9	8	7			6	
				6		4		9
3								1
6		1		5				
	8			1	5	3		
2			3	8			9	
		5		9				

Puzzle 330: Tricky

	1		8		5			3
		3		4		5		
9					7	4		
3					8			7
		9				6		
7			3					8
		7	4					5
		6		7		2		
4			9		3		7	

Puzzle 331: Tricky

	9			7		8		
		6	5		9			
				2				1
2	8			5				7
		7	2		6	9		
4				8			2	5
9				4				
			7		2	1		
		8		9			7	

Puzzle 332: Tricky

Puzzle 333: Tricky

Puzzle 334: Tricky

	9		2		1		7	
		2		7		5		
1								6
		4	3		8	6		
2								4
		3	4		5	1		
7								8
		9		1		4		
	3		5		2		1	

Puzzle 335: Tricky

			3		2			
	5	8				3	2	
3	9						4	7
		3	1		9	7		
6								4
		9	5		4	6		
8	2						1	9
	4	1				8	7	
			4		1			

Puzzle 336: Tricky

					2	9		7
	7						6	
		8		4	7		3	
7		5					2	
4	9						7	3
	3					6		9
	4		6	2		7		
	1						5	
8		2	7					

Puzzle 337: Tricky

	2	5	4					
9					2		7	
			9		8	6	2	
8		1						
		3	6		1	2		
					5			1
	9	2	8		6			
	1		2					3
					3	9	8	

Puzzle 338: Tricky

	7						6	
	2		5		4		7	
3		6				4		8
		1	9		8	5		
8								1
		7	4		1	2		
5		9				7		4
	4		7		5		1	
	1						9	

Puzzle 339: Tricky

		4			1	8		6
	6			7			9	
5	1		8					
			2				1	4
			6		9			
3	2				7			
					5		8	7
	4			6			2	
7		5	3			9		

Puzzle 340: Tricky

Puzzle 341: Tricky

Puzzle 342: Tricky

Puzzle 343: Tricky

Puzzle 344: Tricky

				2		1	6	
5								4
			6		5	2		9
	8	7		6	4		1	
				7				
	5		8	3		9	7	
4		8	1		2			
6								3
	2	5		9				

Puzzle 345: Tricky

	6						5	
			7		5			
9	1						3	7
		8	4		9	2		
3								6
		1	5		2	4		
1	3						8	2
			1		3			
	4						6	

Puzzle 346: Tricky

Puzzle 347: Tricky

Puzzle 348: Tricky

7			5					
1		3		4				6
8			1				3	
2			8		4			
		8	7		2	6		
			3		6			7
	3				1			5
6				2		1		8
					5			4

Puzzle 349: Tricky

		2	9			6		
9	5			8	1			
8			3				9	
4	8			2				
		3				8		
				9			4	2
	2				6			5
			2	3			6	1
		9			7	2		

Puzzle 350: Tricky

	4	6				2	1	
	2		6		3		8	
8	7						3	6
			8		5			
				7				
			2		1			
4	9						2	1
	3		4		2		6	
	6	7				8	5	

Puzzle 351: Tricky

	3		2		6		4	
	2			8			7	
5		4				6		3
		3	1		2	4		
		9	8		4	3		
8		2				9		5
	6			4			1	
	9		3		8		6	

Puzzle 352: Tricky

4			9	3		2		1
6						5		
						4	7	
2		5			4		1	
			2		8			
	4		1			6		5
	3	8						
		4						2
5		1		6	7			9

Puzzle 353: Tricky

4			9	2				5
	7					3	9	
	5			7	3			4
					6			2
		4				1		
7			4					
6			5	4			2	
	3	1					4	
5				8	9			6

Puzzle 354: Tricky

		8		1	3	6		9
9					7	3		
							7	
		9		6			4	3
3								6
8	6			2		5		
	2							
		6	2					7
7		4	9	3		1		

Puzzle 355: Tricky

2					5	1		
			1				6	9
9					3		5	
	6	9				8		3
			7		9			
7		1				4	9	
	5		4					7
8	7				6			
		3	5					2

Puzzle 356: Tricky

					6	1		7
		6	3			5		2
4	1	5						
			8			2		
3		1				8		4
		2			5			
						6	1	9
8		3			9	7		
1		7	5					

Puzzle 357: Tricky

		5		8				2
							5	
2	7		5		4	3		8
		8			2			
		9	8		7	5		
			3			2		
5		1	9		8		4	3
	9							
3				6		8		

Puzzle 358: Tricky

9	1						4	5
		4	1	2	9	6		
	7	2		6	4			
	8						5	
		5	9		3	1		
		8	3	1	5	2		
5	4						9	1

Puzzle 359: Tricky

							8	9
		3				4		
9			5		2	1		
	8				4			
5	9	1	2		7	6	4	8
			6				5	
		9	3		1			5
		8				7		
6	7							

Puzzle 360: Tricky

						9		5
	9			3	4			
5		3	2		9			4
		7		5			9	
			6		8			
	3			1		5		
4			3		5	7		8
			8	6			4	
9		6						

Puzzle 361: Tricky

		5	3		7	4		
	1		9		5		6	
6								3
		1	8		4	3		
7								9
		2	7		3	6		
1								8
	4		5		1		3	
		3	6		8	2		

Puzzle 362: Tricky

9		6				1		4
			4		9			
2	8						7	5
		7	3		5	2		
5								7
		9	1		4	6		
1	3						2	6
			2		1			
4		2				7		9

Puzzle 363: Tricky

8			7				2	
2				4		3		
			2	3	1			
		2	1		6	7	5	
				2				
	4	6	9		3	1		
			5	7	8			
		9		1				6
	7				4			5

Puzzle 364: Tricky

		7			3			
5			6					
	8	6		7		4	3	
6	9			1			2	
1								9
	7			5			6	3
	5	2		4		6	9	
					7			1
			9			7		

Puzzle 365: Tricky

6	4		1	9	7			
						4		6
9			2			8		
				5				3
	2	4				6	7	
3				6				
		1			3			9
5		2						
			6	1	9		5	8

Puzzle 366: Tricky

	1	2					4	
7					4		6	
8			7		5	2		
	9			2		3		4
4		1		8			5	
		3	6		9			1
	7		3					2
	4					5	3	

Puzzle 367: Tricky

4	3						1	
	7	8		9				5
						4		8
3	1		2			6		
			1		5			
		4			9		5	3
5		3						
7				8		5	4	
	8						6	9

Puzzle 368: Tricky

Puzzle 369: Tricky

Puzzle 370: Tricky

5	9						1	7
	7	8		5		4	9	
4								6
			7		9			
	1						6	
			2		8			
9								8
	6	5		2		9	3	
3	2						5	4

Puzzle 371: Tricky

	9		7				6	
	6	2		9				
1			8		6			
3		6		7			8	
4								7
	2			4		1		6
			2		1			9
				6		5	4	
	8				3		7	

Puzzle 372: Tricky

					3			6
8			2	4	5			
	1				8		9	
						3	6	8
7			1		9			5
3	4	5						
	8		3				7	
			6	8	2			1
6			4					

Puzzle 373: Tricky

		1	2		7		4	
	4			1	5	9		
9			3			1		
6						5		
	5						3	
		4						7
		3			1			4
		9	7	4			8	
	1		6		3	7		

Puzzle 374: Tricky

		6					3	9
	8	9		5	1			
	7				6	8		
		7			5			
4			6		8			1
			7			2		
		3	8				5	
			5	1		3	2	
7	2					9		

Puzzle 375: Tricky

			1	5		9	7		
3	4							2	5
		4	8		7	5		
1	7						6	8
		6	1		2	3		
6	2						9	7
		9	3		6	2		

Puzzle 376: Tricky

Puzzle 377:

4		6	9		7	1		8
				6				
5	1						6	9
		9	6		5	2		
		8	1		2	3		
9	3						1	2
				9				
6		2	7		4	9		3

Puzzle 377: Tricky

Puzzle 378:

8			4	2				
	4	1				6		7
		3					4	
	6				3	8	2	
	8							1
	3	9	5				7	
	2					7		
9		6				5	8	
				9	1			4

Puzzle 378: Tricky

7		5	4		9		6	
		9			2			
		4	3				9	
2					3			4
		3				6		
5			2					9
	3				5	1		
			9			2		
	8		6		7	9		5

Puzzle 379: Tricky

					9	7		
1		7			5		3	
		4						6
4	8	1	6					
	9	3				6	7	
					4	8	1	5
3						5		
	1		2			9		8
		8	5					

Puzzle 380: Tricky

Puzzle 381: Tricky

Puzzle 382: Tricky

	7	6		5				
		9			4		6	
3				7	2			
					8	2	3	
7			3		6			8
	4	3	2					
			8	6				3
	2		4			1		
				2		8	4	

Puzzle 383: Tricky

	9						1	
	2	7	9		1	5	4	
8								2
		8	1		4	3		
2								1
		1	5		2	8		
9								3
	3	2	4		8	6	5	
	7						8	

Puzzle 384: Tricky

6								
4		2	7					1
		9	1			3		
	6		4		2	5		
	2		5		1		4	
		7	9		6		3	
		3			9	4		
2					3	6		9
								3

Puzzle 385: Tricky

9		8				2		
	1		4	8	9	3	6	
			3					9
4					5	7		
		6	7					1
3				4				
	7	9	1	2	3		5	
		2				8		3

Puzzle 386: Tricky

				9		2		
	6			3		5		9
			2		8	4	1	
					6		4	
7		8				9		6
	3		7					
	8	3	6		4			
9		4		5			2	
		5		1				

Puzzle 387: Tricky

					6	7		
6		7	3	2			4	
1						6	9	
		4		5	7			6
7			1	4		5		
	2	9						7
	7			3	8	4		2
		1	2					

Puzzle 388: Tricky

Puzzle 389: Tricky

Puzzle 390: Tricky

	7	8	5	9				
		4	1				7	
9			3			4		
	5		4	2				
		9				3		
				3	6		1	
		1			3			8
	9				7	2		
				1	5	7	3	

Puzzle 391: Tricky

						5	6	1
				1			3	
2				7	6			
	5				2		7	8
		3	6		7	1		
6	2		4				9	
			8	6				3
	1			4				
8	7	5						

Puzzle 392: Tricky

			8	9	3			
						8		2
8	9		2			7	5	
		3				6		4
			4		8			
5		8				1		
	8	5			6		2	1
2		4						
			9	2	1			

Puzzle 393: Tricky

	2	3		1		8		6
				8	3		5	
5							7	
						9		5
		6	4		9	3		
1		2						
	6							8
	1		2	6				
2		4		5		1	6	

Puzzle 394: Tricky

7		6	8				5	1
5			6			7		
				3			9	
	6				4			
		5	9		3	4		
			7				6	
	3			9				
		4			2			6
6	5				8	1		3

Puzzle 395: Tricky

3	4				5	1		
1			2					6
		7	1		3		5	
8	3						6	
				5				
	6						1	4
	8		6		9	2		
9					4			1
		6	7				9	8

Puzzle 396: Tricky

Puzzle 397: Tricky

Puzzle 398: Tricky

4	3		9				1	2
6		8	3	1		4		
	5		1					4
			8		9			
2					3		8	
		6		4	8	1		3
1	9				6		5	8

Puzzle 399: Tricky

			3		5		4	6
	6	8			7			
5		9		4				
8	1		2					
					1		2	3
				1		3		9
			4			7	6	
7	2		9		6			

Puzzle 400: Tricky

			9					
		6	2				4	
		7		6	5	1		
	4	2			6		1	
5			1		8			4
	1		4			7	9	
		9	8	4		3		
	8				7	4		
					9			

Puzzle 401: Tricky

2				4				
	5			2			9	7
9		4			8		6	
7	3							
		1	7		5	8		
							3	5
	1		6			2		3
8	2			5			7	
				8				1

Puzzle 402: Tricky

			4			8		
5		8		3			6	
1			7			5		
		4		7	1			8
	2						5	
3			2	9		4		
		5			9			4
	8			5		1		2
		6			7			

Puzzle 403: Tricky

	4			5	6		2	
9		6						1
	2		7					
5	1							6
		3	9		2	5		
2							1	7
					8		7	
1						3		8
	3		5	7			6	

Puzzle 404: Tricky

					1	4	6	8
								9
		8	4	6				3
	5		7	1			2	
		2				5		
	6			9	2		4	
2				5	7	3		
1								
4	3	7	8					

Puzzle 405: Tricky

			4	2				
			8	3	6	9		
8	2		1			5		
	1							7
4	7						6	3
6							2	
		6			9		5	4
		2	5	4	3			
				6	1			

Puzzle 406: Tricky

	3	9	1		6		
	4		2			9	3
6							1
		8				2	4
8							5
4	6			3			
5							8
3	4		8		9		
	9		4	5	7		

Puzzle 407: Tricky

			8	6	2		5
9				3	1		
	2	6	7			9	
				1		4	6
5	8		6				
	3			9	4	1	
	9	1					2
1		8	2	6			

Puzzle 408: Tricky

		1			5		3	9
	3		7					
	9						4	1
9		8		4			1	
			5		1			
	6			3		9		5
6	7						9	
					6		5	
2	4		3			1		

Puzzle 409: Tricky

		4		8	2		7	
								5
		1	7		5		8	
	2		9					1
9			2		8			4
3					1		9	
	8		5		4	7		
1								
	7		1	2		3		

Puzzle 410: Tricky

		9	7		2	1		
	1		3		5		9	
7								6
		7	6		9	2		
6								3
		3	5		7	6		
8								1
	3		4		6		5	
		4	2		8	3		

Puzzle 411: Tricky

	2		7	9	6			8
							9	6
6		4						
		5			2	7		
			3		9			
		2	4			6		
						4		7
3	8							
2			6	8	7		1	

Puzzle 412: Tricky

	9			5			8	
	6						7	2
		8	7			4		5
		7						1
		2	1		5	8		
5						2		
6		3			8	7		
2	4						3	
	7			4			5	

Puzzle 413: Tricky

		3	5		2	9		
	6						4	
9	1						8	2
		1	8	6	5	7		
		8	9	2	4	1		
7	8						1	3
	9						5	
		5	3		7	4		

Puzzle 414: Tricky

Tough Nuts to Crack

2				3			7	5
	5				2	3	8	
			5		9			
			4			5		8
9								7
7		2			6			
			1		5			
	2	4	9				6	
8	9			6				3

Puzzle 415: Tough

	5				3			4
	8			7	2			
2		3	9		8			1
		6		3				9
3				5		7		
6			8		4	3		7
			1	9			2	
9			3				4	

Puzzle 416: Tough

		3					7	6
	1		5				4	
5	2			6			3	
			1		5			
	5	2					1	9
			8		7			
	4			5			8	7
	7				4		2	
9	8					4		

Puzzle 417: Tough

	1							8
6		2		3				9
		1		2	4			
	3		4		9	8		
	5						4	
		4	3		8		7	
		1	2		3			
8				4		6		1
9							3	

Puzzle 418: Tough

3		5		2			4	1
		9			1	7		
						2		
7			3			6		
5			1		2			3
		8			9			5
		3						
		4	8			5		
1	6			4		3		9

Puzzle 419: Tough

				8				6
8	6		2			3		
1		2	4					
		7	5	2				3
	8						1	
2				6	4	5		
					3	2		8
		5			8		3	9
3				9				

Puzzle 420: Tough

	2		8		4		7	
	5	7				8	1	
8								9
		9	1		8	7		
	3						8	
		5	6		3	9		
4								7
	6	8				3	9	
	7		3		9		5	

Puzzle 421: Tough

9				8	4		3	
				2			4	9
			6			5		2
	1						5	4
		4				9		
2	3						7	
4		1			6			
8	9			7				
	7		8	3				1

Puzzle 422: Tough

		2				1		
	3		6	2	9		8	
4								9
		5	4		8	2		
9								6
		4	7		3	9		
8								4
	1		8	4	6		3	
		6				8		

Puzzle 423: Tough

7		3	8					4
				5	7			
						2		8
	4		2		8	3		
8			7		5			2
		2	9		4		1	
2		9						
			4	7				
6					9	1		3

Puzzle 424: Tough

				9		5		
	7	5	3			4		
2			5					7
		4					2	1
			7		9			
9	5					7		
1					8			9
		6			5	1	3	
		3		4				

Puzzle 425: Tough

		3		4	6			
	7					2	9	
6			1					3
3		1		6				8
			5		1			
8				2		6		1
4					5			9
	8	6					1	
			4	7		3		

Puzzle 426: Tough

5								8
	7		4		9		2	
2		3				9		6
			5		3			
4	6						5	3
			6		7			
8		5				1		9
	9		8		1		3	
7								2

Puzzle 427: Tough

			2	3				5
1				7				
5					1	4		
6		1	9	2			3	
		4				9		
	5			4	6	7		8
		2	3					1
				5				7
9				1	8			

Puzzle 428: Tough

2			6	7		3	5	8
								9
				8	9		4	
			4			9	3	
		3				7		
	1	4			6			
	2		5	6				
6								
3	8	5		9	2			6

Puzzle 429: Tough

	6	8		5	2		7	
			6		9		5	
						2		
4							8	9
	5	9				1	2	
7	3							4
		3						
	8		2		7			
	9		8	6		7	3	

Puzzle 430: Tough

Puzzle 431: Tough

Puzzle 432: Tough

Puzzle 433: Tough

Puzzle 434: Tough

		7						
9	6		1	2	7		5	
				3	8			
		9	5		1			
4		1				9		2
			2		4	8		
			9	4				
	2		8	6	3		9	4
						5		

Puzzle 435: Tough

							7	3
4		8						
	3	1	4	5				
		7				2	9	8
		5	2		7	3		
9	2	4				6		
				1	3	9	6	
						7		5
8	4							

Puzzle 436: Tough

2		6	9				8	
	8				5			
		4	8					6
7	9			3		4	5	
				5				
	5	3	7				1	9
1			6			9		
			7				3	
	6		1			7		8

Puzzle 437: Tough

6					5	2		
			7		2			8
			4			1		6
		8	7	1				
5		2				7		3
			4	2		8		
3		9	1					
8			3		4			
		4	8					7

Puzzle 438: Tough

5			6		3			7
	2		9		4		1	
	3	7				6	4	
			2		7			
	6						5	
			5		1			
	9	3				8	6	
	7		3		6		9	
6			1		8			3

Puzzle 439: Tough

	4		9		8		2	
		1		5		9		
9								4
		7	1		9	4		
5								3
		9	2		5	8		
7								9
		8		1		2		
	5		3		4		7	

Puzzle 440: Tough

		7	4	5		2		
		9						1
2			9			3	4	
	9	6		8	2			
			1	9		8	6	
	8	1			7			3
3						5		
		2		3	4	1		

Puzzle 441: Tough

1						2	9	
		2	5				7	
8					9		5	
	6	4	8				3	2
2	8				3	1	4	
	5		3					9
	7				2	3		
	2	1						7

Puzzle 442: Tough

	4			9			5	
		2	8		1			7
	9	6						
	2			7	8		4	
		5				2		
	8		6	5			9	
						8	3	
4			2		9	6		
	1			8			2	

Puzzle 443: Tough

	1		2		8		9	7
		9	3				5	
4								6
					4	3		
	5		9		6		8	
		7	5					
7								1
	6				5	8		
9	8		6		7		4	

Puzzle 444: Tough

	2					3		6
			6	9			5	7
					7		2	
		7	4	6		8		
2								4
		8		2	3	9		
	4		8					
6	8			3	5			
3		1					8	

Puzzle 445: Tough

	5	3	7			9		
	4	8	5					2
								7
			3			5	9	
	8		6		9		3	
	9	7			8			
4								
2					7	8	4	
		9			1	6	7	

Puzzle 446: Tough

Puzzle 447: Tough

Puzzle 448: Tough

5			9		3			2
	7						6	
		2				1		
		8	7		4	2		
3	2						1	7
		9	3		2	5		
		5				6		
	3						5	
4			5		7			8

Puzzle 449: Tough

2			9			8	1	
1		6						
8	4	7						3
			1		9		2	
		8				3		
	5		6		2			
3						1	8	9
						6		4
	1	9			8			5

Puzzle 450: Tough

9			6				7	
		7					6	
8	3			7		1	4	
	8		9			4		6
4		2			8		3	
	7	5		4			1	8
	1					5		
	9				1			4

Puzzle 451: Tough

	8	6		9			4	5
5								3
		9	6					
2		1	5					
	3						7	
					4	5		2
					3	9		
6								8
4	9			7		2	5	

Puzzle 452: Tough

9		6		2			1	
	5		1			2		
								8
6	3	2	8		9		5	
				6				
	1		5		7	8	6	2
5								
		7			1		8	
	2			4		3		5

Puzzle 453: Tough

		3		2	8	7		
5			3				1	
8		4						
3				1	6	5	7	
				3				
	6	5	8	7				1
						9		2
	5				2			4
		9	6	4		8		

Puzzle 454: Tough

Puzzle 455: Tough

Puzzle 456: Tough

3	2		1				5	
		8			2	7		
					6			
5			7	3			9	1
	7						8	
8	9			6	1			2
			4					
		6	8			9		
	1				3		2	5

Puzzle 457: Tough

	9			1	8			
6	1			9	7			8
			2				4	
		9						2
8								6
5						1		
	3				6			
1			3	8			7	5
			1	5			6	

Puzzle 458: Tough

	3		7		5		2	
			9		8			
4		8				9		5
		6	5		4	7		
	5						1	
		3	2		7	5		
9		5				3		1
			1		9			
	8		4		3		6	

Puzzle 459: Tough

5	7						4	9
		3	5		4	8		
	6						2	
		7	8		9	2		
3								1
		6	2		3	9		
	8						7	
		5	7		1	4		
7	1						9	3

Puzzle 460: Tough

			4				7	
4			2	8				6
5		2			3			
		6		2		3		
	4		6		9		5	
		9		3		8		
			3			7		9
7				4	2			3
	2				6			

Puzzle 461: Tough

		1		9	7			
3		6				9	5	
					5		7	
9	8				1			
		2				4		
			2				9	1
	2		3					
	9	8				7		3
			9	4		6		

Puzzle 462: Tough

	6				3	4	7	
	5	8						3
2				8				5
		6	5	2				
			7		4			
				1	9	7		
8				9				2
9						5	1	
	4	5	1				8	

Puzzle 463: Tough

	7						3	
	1		4		8	6		
8		2		6				9
			3	9				
		4	6		1	2		
				4	5			
7				5		3		1
		8	2		7		6	
	3						7	

Puzzle 464: Tough

	8	6			3		1	
			6		2			7
4				9				8
3	7							
8	6						4	2
							7	5
6				3				1
1			4		6			
	2		5			6	9	

Puzzle 465: Tough

	8		2		4		9	
	9						7	
		7				6		
		4	9	8	2	3		
	2						6	
		8	7	1	6	2		
		9				5		
	5						2	
	6		3		1		8	

Puzzle 466: Tough

7	3		5					
	4	6						
9	2			1	4			
	1	2		5	7			
5								4
			4	6		1	2	
			3	4			9	7
						8	4	
					8		1	2

Puzzle 467: Tough

	3				8	6		7
		8	2					
	4			1				
		4			5	3		
3	7	9				5	6	1
		6	3			2		
				9			5	
					2	1		
1		2	7				9	

Puzzle 468: Tough

Puzzle 469: Tough

Puzzle 470: Tough

9		8			2		3	6
			7			8		
					9	4	1	
				7			6	3
		9				5		
7	5			3				
	6	5	2					
		2			8			
4	7		1			2		8

Puzzle 471: Tough

					2	4		1
		4			7	3	8	
				9				7
7			9	1			2	
4								5
	6			4	8			3
1				2				
	4	9	8			1		
5		2	4					

Puzzle 472: Tough

	9				1	7	6	
	6	3						2
1				4				9
		5	6	1				
			9		4			
			3	8	2			
3				6				7
2						5	9	
	4	9	8				3	

Puzzle 473: Tough

				2		7	3	
				6				8
			7		9	4	5	
	3						7	
1	5		8		2		9	3
	2						1	
	7	9	6		3			
8				1				
	1	3		5				

Puzzle 474: Tough

	8				7	4	6	
			8			1		
	1			2				3
4					8			
1	3	2				8	5	4
			2					6
2				8			1	
		8			1			
	7	1	6				9	

Puzzle 475: Tough

1		7			8	3	2	
9		3		5				6
					4	1		
		1				8	5	
				1				
	7	2				6		
		4	9					
2				7		9		1
	9	8	2			5		7

Puzzle 476: Tough

8			5	7			6	
	4				6		2	
	6		3			8		
		6		2				1
		4				7		
1				9		4		
		2			7		1	
	1		2				7	
	5			8	3			9

Puzzle 477: Tough

			3			6		
					7	8		
9		7	6			1		2
8	7			4				9
		3				7		
1				3			8	6
4		2			6	5		7
		1	2					
		9			3			

Puzzle 478: Tough

2	1		8	4				6
			3	1				
		9						1
1	4	8			5			
3								2
			6			8	4	5
7						2		
				8	3			
8				5	7		1	9

Puzzle 479: Tough

			6			8	3	
4					8			9
	8				9		1	
		5		1				
1	2	8				3	6	5
				5		2		
	6		4				2	
7			2					8
	9	4			3			

Puzzle 480: Tough

		3	9			8	7	
4						1		
		8			7		6	5
		9			1	2		3
7		6	8			5		
1	3		7			6		
		2						9
	8	4			6	3		

Puzzle 481: Tough

	8							3
9		5	3		7			
3	6	2				8		
			9		2		6	
			4		6			
	9		8		1			
		7				4	1	2
			6		3	7		5
2							9	

Puzzle 482: Tough

4		7						1
		5	9	7		8		
3							9	
6			4	3				
			1		9			
				2	8			5
	8							7
		3		8	6	5		
9						6		2

Puzzle 483: Tough

5			7		8			2
	4						5	
2	7						9	6
		9	6		3	5		
		4	2		9	6		
9	5						6	3
	3						2	
1			8		4			5

Puzzle 484: Tough

			3			7	4	
				7	4	9	6	
			1				5	
2	9			5				
		5	6		9	3		
				2			9	4
	1			8				
	5	6	1	3				
	7	8			5			

Puzzle 485: Tough

7		2			4	9	8	1
3			8			2		
		1				6		
					5	4	2	
				6				
	1	4	7					
		3				8		
		7			8			4
1	8	9	2			7		5

Puzzle 486: Tough

		3			1		7	
	5		8		2	1		
				4				
		5			9		1	7
	8	7				5	2	
3	1		7			6		
				3				
		1	5		7		6	
	9		4			3		

Puzzle 487: Tough

6						1	7		
								5	8
			4			6	3		
	7	2	6	5		1		
		9				4		
		3		4	7	8	2	
	2	4			3			
1	8							
		6	7					4

Puzzle 488: Tough

5				6				2
					7	1	9	
		3	8				6	
3							7	8
	8		7		3		5	
2	1							6
	9				6	8		
	3	5	4					
7				1				3

Puzzle 489: Tough

			9		7	2		
	4	8		2				
7		9		4				
	8			5			1	9
			3		4			
4	6			9			3	
				6		3		7
				3		9	6	
		6	5		8			

Puzzle 490: Tough

7		2	3					
	3	5					6	4
9			1					
		4		7	8			
1								5
			2	4		7		
					7			3
5	6					4	2	
					9	5		1

Puzzle 491: Tough

9	6				1			
7				3	9		8	1
		3						
	9			8				
	5	6	9		4	8	2	
				6			9	
						3		
1	8		3	2				9
			4				7	2

Puzzle 492: Tough

		4	2	5		8		9
3		2	4					7
	7							
2		1			9			
		8				6		
			5			2		1
							7	
7					3	9		5
4		9		2	1	3		

Puzzle 493: Tough

			6				4	
		2	9	3	7		1	
3								2
9			7					8
5	2						3	1
7					8			6
4								9
	9		8	4	1	6		
	6				5			

Puzzle 494: Tough

	8							
	5					3	7	4
7					6	5		
6				4	1	2		
		5				8		
		8	5	3				7
		1	6					8
5	7	3					6	
							9	

Puzzle 495: Tough

		6			3			2
9					8		6	5
4	3		1				9	
6	1						2	
				1				
	9						7	6
	2				6		8	1
7	5		2					3
1			8			2		

Puzzle 496: Tough

6		2	9	5			3	4
	3							
			4		7		2	
			1	9		2	5	
				7				
	9	4		2	6			
	2		3		5			
							8	
5	7			4	2	3		9

Puzzle 497: Tough

						3		1
2		3	6				4	
	7		8			9		
3				4		1	8	
				9				
	4	1		7				6
		6			1		3	
	3				5	6		8
5		8						

Puzzle 498: Tough

		6		8	1			
	4			7	9		8	
			3			9	2	
				3		1		4
7								2
1		5		2				
	6	2			3			
	5		6	4			1	
			8	9		4		

Puzzle 499: Tough

	4		5		2		8		
7				8	1		5	
		1	9					
		3				4		9
			7		2			
2		8				1		
					7	6		
	6		1	5				2
		7		9		5		4

Puzzle 500: Tough

			9		6		3	
			4					8
	4	6					1	
7				2	9		6	
3	1						7	9
	6		7	3				2
	2					5	4	
1					2			
	7		6		5			

Puzzle 501: Tough

		9				6	8	
5	4				2		3	
			1	8				
		4	8		1	9		
2								7
		3	7		2	4		
			4	9				
	9			7			4	2
	6	7				8		

Puzzle 502: Tough

6	2				4			
			3		7			6
8	4				9		2	
2							5	7
		9				8		
4	1							2
	7		9				4	1
1			2		3			
			4				6	3

Puzzle 503: Tough

	7		8	9			2	
	4	9				6		3
		2		6				
	5	8	7					
		6				3		
					5	8	7	
				4		7		
4		7				1	3	
	2			7	1		5	

Puzzle 504: Tough

			5					8
	1	9				3		
	9			8		4		
7			9	4		1		
	1	4				6	7	
	9		7	3				5
	3		5			9		
		8			3	2		
1				6				

Puzzle 505: Tough

				7			9	4
					2	3	1	
			3	4			2	
		7			3	4		
2			8		7			3
		8	9			6		
	2			9	6			
	4	3	7					
9	1			3				

Puzzle 506: Tough

1			8					3
	3	6			1		7	
4	8					5		
				6			1	
6			1		2			4
	4			5				
		9					5	6
	1		6			9	3	
2					3			7

Puzzle 507: Tough

6	8		1	5				
3					8		9	6
		2		3				
5		8				2		
4								1
		3				4		7
				9		5		
9	5		3					4
				6	2		7	9

Puzzle 508: Tough

					3	9	1	
7			4			6		
			2			5		
8			1				6	9
	6		5		8		7	
3	9				4			5
		7			5			
		2			6			1
	4	9	8					

Puzzle 509: Tough

		6						3
		2			7		5	
1	8			4		9		
					3	8		
8	6	7				3	1	2
		9	2					
		8		1			3	5
	5		9			6		
6						1		

Puzzle 510: Tough

7					9			3
		5		6		8		
			1	8		5		4
		4				3	9	5
6	7	9				2		
8		2		3	7			
		1		9		6		
9			5					2

Puzzle 511: Tough

	1						4	
		7	2		5	3		
9		3				6		2
			3	2	4			
1								6
			6	1	7			
6		2				1		4
		1	9		2	8		
	5						7	

Puzzle 512: Tough

			8	2		1		
				4	1	9		5
	9			6	3			
8						2	7	
9								3
	6	5						8
			4	7			9	
2		9	6	1				
		4		3	5			

Puzzle 513: Tough

			5		1	2		9
		3				4	5	
				8				3
			6	1			7	
1		8				3		6
	7			4	2			
4				6				
	6	1				5		
5		9	2		8			

Puzzle 514: Tough

			4			9	3	8
	9			6			1	
4								2
5		9				8	4	
			9		8			
	1	2				5		6
2								1
	5			3			8	
1	8	4			7			

Puzzle 515: Tough

		2	5	7			3	6
					9	1		
5								9
		6	3				9	4
			6		7			
7	9				2	8		
3								7
		9	7					
1	4			6	5	9		

Puzzle 516: Tough

		5	4			7		
6								
	8		7			5	3	4
5	9		8					
	4		6		2		9	
					9		6	5
4	3	9			1		7	
								1
		8			4	9		

Puzzle 517: Tough

	4				7	1	6	
			3				7	5
				9		4		8
			5	8				4
	7						9	
2				7	1			
7		9		1				
3	2				8			
	6	1	2				5	

Puzzle 518: Tough

Puzzle 519: Tough

Puzzle 520: Tough

6					4		1	2
	1	7			2			
								9
1	5		8	6				
	6		5		9		4	
				4	1		6	8
8								
			9			3	2	
9	7		4					6

Puzzle 521: Tough

2					8	6	4	3
		9						
	8			7			2	9
1		6	2					
	9						6	
					3	7		2
9	5			6			8	
						5		
8	6	3	5					4

Puzzle 522: Tough

			4			6		8
	5		6	2				
		3			9			2
3	2					8		9
	6						2	
9		7					6	5
1			8			5		
				1	3		7	
2		6			4			

Puzzle 523: Tough

7			5		1	4		
	9				3	5	6	
							2	
		3	1	7				
2								8
				9	5	6		
	4							
	7	1	2				9	
		8	6		9			4

Puzzle 524: Tough

Diabolically Difficult

	5				1	6		
3		6						
		9	3			2		4
				3		1		2
			8		4			
8		5	2					
6		1			5	3		
						9		1
		7	2				4	

Puzzle 525: Diabolical

				6	8		7	
	3	2						
		6			3	2	5	
1	9		7				8	
			4					
	5		8				3	4
	7	9	1			3		
						5	6	
	6		7	3				

Puzzle 526: Diabolical

	3		6	9				
5	7			3	8			
						6		
4	9	5	3				8	
	6						1	
	8				6	5	3	9
		7						
			8	2			4	5
			6	1		2		

Puzzle 527: Diabolical

								8
4				7	9		5	
	5				2	3	9	1
		3	8					
	2						8	
					6	1		
8	7	2	9				3	
	1		3	5				2
3								

Puzzle 528: Diabolical

3	9						7	4
	7			9			8	
8		2				3		9
			1		7			
	5						1	
			2		6			
6		4				2		5
	2			8			4	
7	3						6	1

Puzzle 529: Diabolical

9		1						3
9		3			6	4		
	5	4			1	2	6	
				1			5	
			9		3			
	4			8				
	1	9	4			6	7	
		6	1			9		5
8						1		

Puzzle 530: Diabolical

		2						6
3		6			2			
7			8					4
		8	9		4	6		
	5	1				4	9	
		9	7		6	2		
5					7			2
			4			8		
8						5		1

Puzzle 531: Diabolical

		2		7		1		
9	5		2					7
			3					
2	9					8		4
	7						5	
5		3					7	2
				5				
4				1			9	3
		5		8		6		

Puzzle 532: Diabolical

		3	8	5				
1	2	6	7					
	5							
	4	7	9				6	
3			2		5			1
	1				7	5	8	
							2	
					6	3	1	8
				2	4	6		

Puzzle 533: Diabolical

			8	5			6	
			6	3	7	8	4	2
		8					3	
			5			4		
8								6
		5			1			
	4					9		
1	7	3	2	9	6			
	8			1	5			

Puzzle 534: Diabolical

Puzzle 535: Diabolical

Puzzle 536: Diabolical

	9					2		5
			4				8	
7				8		6		
	7		1		8	4		
	3		5		4		1	
		4	3		2		6	
		7		1				8
	1				6			
3		2					9	

Puzzle 537: Diabolical

8				6	4			
	1	9	7				3	
4							5	
2			4				9	
	4		9		8		1	
	7				6			3
	5							9
	9				5	4	6	
			2	1				5

Puzzle 538: Diabolical

		4			7			9
					1	6		
3	7					5		
	2			6	8		7	5
7								6
1	6		7	5			8	
		2					6	8
		7	4					
6			8			3		

Puzzle 539: Diabolical

	2	8					6	
6		1	3			5		
	4		6					7
		2		7	1			
			4		3			
			9	2		8		
2					6		5	
		5			4	1		8
	9					3	2	

Puzzle 540: Diabolical

Puzzle 541: Diabolical

Puzzle 542: Diabolical

Puzzle 543: Diabolical

Puzzle 544: Diabolical

Puzzle 545: Diabolical

Puzzle 546: Diabolical

Puzzle 547: Diabolical

Puzzle 548: Diabolical

	2		3		1			
4						2		
6		9			4	8	7	
7	6	4						
	1						3	
						4	6	7
	9	2	6			7		5
		6						4
			5		3		2	

Puzzle 549: Diabolical

	9		7		8		6	
		3	2		1	9		
7								4
		9		1		8		
4								3
		5		2		4		
3								9
		7	3		2	5		
	2		6		9		3	

Puzzle 550: Diabolical

8					5	4		
			9		1		3	
	7			2		8	9	
					9		5	2
		8				3		
1	9		6					
	2	5		1			8	
	8		2		4			
		6	5					3

Puzzle 551: Diabolical

9			1	7		3		4
4							1	
		1			8		9	
2	4		7				5	
				8				
	9				4		3	6
	8		2			7		
	2							1
7		9		6	3			5

Puzzle 552: Diabolical

Puzzle 553: Diabolical

Puzzle 554 Diabolical

			7	4				
		5	6	8		7	2	
					9			6
5			1	9				3
	4						1	
9				6	2			5
8			5					
	1	4		3	6	9		
				1	7			

Puzzle 555: Diabolical

			7					5
5	4	6						
2				3		1		
6				7				2
7		9	2		3	4		1
3				1				8
		5		4				3
						2	4	7
4					1			

Puzzle 556: Diabolical

Puzzle 557: Diabolical

Puzzle 558: Diabolical

	6				1	8	4	
			5				6	2
				6		1		9
			8	1				5
	9						3	
8				9	6			
2		6		5				
4	3				7			
	1	7	4				8	

Puzzle 559: Diabolical

				4		9		1
6						3		
	3		6		2		7	
		5			9			8
		2				1		
3			4			5		
	5		1		7		4	
		8						3
1		3		6				

Puzzle 560: Diabolical

3				9			8	
						6	7	
			8		6		2	9
		7		1				2
		4	3		8	9		
1				6		8		
6	4		2		7			
	3	2						
	1			4				6

Puzzle 561: Diabolical

		1						
4	9		5	1	8			
		5	7		9	1		
		2				9		4
	7						6	
6		8				5		
		9	1		4	6		
			6	2	3		9	1
						8		

Puzzle 562: Diabolical

					8	4	6	
3		4	1			8		
				3				
8							4	6
4	1		8		2		3	7
2	3							5
				9				
		9				1	7	4
	2	3	5					

Puzzle 563: Diabolical

6			9	2				
		4			7	2		
1				4			6	7
8			2		5		3	
				6				
	7		3		1			6
3	8			5				2
		9	1			3		
				3	6			1

Puzzle 564: Diabolical

Puzzle 565:

	3		8		1	6		
	9					5		
5		8				1		3
			6	1	2			
7								4
			4	7	9			
3		6				2		1
	8						9	
	2		7		4		8	

Puzzle 565: Diabolical

Puzzle 566:

	4				6			
		3	8		7	9		
	2					4		5
5						2	9	
			7		5			
	9	4						8
2		9					7	
		7	5		2	6		
			3				2	

Puzzle 566: Diabolical

		1	8					2
6	9			2				
	8					4	1	
4			3	9				
9			6		1			8
			2	5				7
	6	3				7		
			5				2	9
7				6		1		

Puzzle 567: Diabolical

			5				8	4
	5	8				7		
		7		4			9	
		2		9			7	6
8								2
9	4			2		5		
	6			5		3		
		9				4	5	
7	2				4			

Puzzle 568: Diabolical

1	6	5		3	8	2		
	7	1		6	3			
9						1		
		4		1				
2						4		
		6		5				
6						8		
	2	3		4	1			
4	1	2		8	6	7		

Puzzle 569: Diabolical

1	6	5		3	8	2		

				5				4
	4	8					2	
		2		4				9
	3		4				5	8
		5	8		6	1		
8	9				1		7	
7				9		8		
	5					2	1	
2			5					

Puzzle 570: Diabolical

		6	1				
2			5			9	
	8	9			7		5
9	2						3
	7	1			2	5	
4					9		7
3	6			8		7	
	9		6				2
			7	9			

Puzzle 571: Diabolical

		3	4	7			1	6
	5					8		4
						9	2	
	6			4			9	2
5	1			9			8	
	2	6						
8		5					3	
3	7			5	1	2		

Puzzle 572: Diabolical

Puzzle 573: Diabolical

Puzzle 574: Diabolical

9				6	1			
						9		
6		4					2	7
	8				2			1
		9	3		7	4		
5			8				9	
2	9					6		8
		5						
			6	7				5

Puzzle 575: Diabolical

2			1		3		6	5
9		3						
	5				4			
3	2		8		9	5		
		1	4		5		7	6
			2				5	
						8		1
1	4		5		7			9

Puzzle 576: Diabolical

Truly Treacherous

2			8	9					7	5	1	4			D
4	9	A			8		C	3						E	B
1				3	A				4	B					G
	E		7	G			2	1			A	8		3	
		7			6	2			E	5			3		
		5	6	C		8			1		7	E	2		
	G	9						7	6				5	B	
	F	8			1	9			B	C			6	D	
	7	D			C	5			A	G			B	8	
	2	E						4	8				D	9	
			9	A		B			D		4	7	C		
		4			9	D			5	B			E		
	8		5	B			A	4			G	D		7	
A				F	7				E	3					4
7	3				4		6	A		8				C	5
6		C	E	8	5						1	F			3

Puzzle 577: Treacherous

C		G			E					9	5		8		B
		E	1			4	C	D	7			A	F		
			F	B		5			8		C	9			
		B		9		G	1	3	6				7		
	G	1		E	4				3	A				C	
		A		G	8		B		D	F		4			
	F			C	D		7	E		8	4			9	
5					9	6	C	B							3
4					8	9	2	C							6
	C			5		G	F		1				7		
	9			2		A	B		G	6		C			
	B	6		F	7					9		3	D		
				G	A	2	7	F				E			
		7	1		F			D		3	G				
	F	9			6			5	E	2		4	A		
3		4		5					C	B		2			7

Puzzle 578: Treacherous

Puzzle 579: Treacherous

6	4	3			8			B				F	C	9	
C	E		A	7			9		D				B	G	
		1	A		6	3				4		7	D		
		B	D			2	E					5	A		
	B		F	E						4	9		5		
2					D	9	7	1	B		6				4
4				B	1		7	9		5	E				C
	6			4	A					F	C		E		
	G			D	B					9	1		2		
3				F		A	4		G	2					8
		9		G	E	3	A	5	8						D
	2		1	5						F	A		G		
		D	2			E	G					4	6		
		6	5		D				4	E		C	2		
9	7			C		4			A					D	1
A	3	C				B			D				E	7	F

Puzzle 580: Treacherous

C		5	3			G			B			A	D		8
	G		2		6	5		F		3		C		9	
B				C		8			E		4				5
		7		3		A	C		D			B			
			6		A		4	8		7		G			
		3	B	6		2		A	G		1	8	4		
		8	A	9			3	6			B	D	2		
		C			G	F				2		3			
		B			C	3			1	5			A		
			4			E	9			D	5				
		9	5		A			F				E	C		
		F		9		1	2		E			6			
		1			D		8			C			F		
4				7		C			2		3				6
	8				1		F	G		9	A		D		
3		9	E						4			2	7		G

2	7		E				5			C		A	B		
	B	5		C	1		2			D	4		E		
		1	D	G						E	5	3			
	3				E			8				7			
7		3	F			G	8				5	B	6		
6	8			B	3	F	4	A	E						7
	2			8	A	1			B	5	7				
B			4			9			G			E			8
5			6			8			C			1			F
	C			3	G	4			F	2	8				
				F	7	D	B		4				C	5	
9		F	7				B	G				3	8	2	4
	D				G			9					5		
		9	B	F							A	2	6		
	8		B	2			D		3	6	G	7			
G	6					3	F				4		8	A	

Puzzle 581: Treacherous

			B		E	7	4	3				9			
	6				G	B			1	D				C	
9				5		8			6		A				F
		2		F	6		3	C		7	8		B		
7	C					F	B							8	D
6			D	A	1					2	C	G			3
A	1	G				4			5				6	F	C
		F	5		E		8	7			6	1	4		
	7	D	1	B						C		E	3	A	
E	A	C				2							G	D	5
			9	6	3				5	G	B				8
G	8					A	1						4	9	
		9		7	4		E	8		6	3		2		
4				1		D			2		F				G
	E				B	5			G	4			9		
			C			G	2	9	A			6			

Puzzle 582: Treacherous

	G	A		F		6			4		3		8	9	
		1		9	2			8	6	F		7			
	5	6	D	8						B		2	C		
8			C	A	1			5	7		6				G
2	4		G	B					5		A			E	C
5			8	A						4	G				2
6	E					4	A	D					8	B	
		F	E		3	5	B			G	4				
			4		C	7	3	A		D	B				
B	C					6	7	G						2	8
D			7	1						2	E				4
A	8		5		3				4					7	D
E				5	4			9	D		3				6
	6	5	2									8	D	1	
		C		G	1	A				B	5		E		
	B	8		9		D			F				C	5	

Puzzle 583: Treacherous

C	5				6	2	4	B					8	G	
		9		C	4			2	E			7			
		B		9					7			D		E	
		6		D	A	3	1	C	F			E			
F	C	E				1	3			B			7	8	
		9	3	B		5	2		8	F	E		D		
	B			F					5			2			
7			3	8		E				4	F	C			6
9			6	2				F		3	7	G			A
	3			C					2			1			
	2		B	7	5				D	1	3		9		
8	1		A			G	C			D			E	5	
		A			G	3	B	F	5	4			8		
	G			A					2			3			
		8		1	2			9	3			F			
3	E				8	4	G	D					5	1	

Puzzle 584: Treacherous

	F	7		D		B	1		A		5	3			
C			4	F	A		2			9				1	
9	A		3	E	8			4		5		F			
	2			1	4	7	B	F				8			
D	6				C			3	F				8	A	
B		1	2			6	8			G	D			3	
	7		8	D						B	F	1			
A				B		F	4	E		7			6		
E		A		C		D	3	B						G	
	C		6	E						1	3		2		
G		7						A	C			6	4		F
	2				4	F			8	7				C	E
	D				1	9	5	C	3				6		
5	3			G		D			B		7		C		
		B		7	3			G	1			D			4
	C	F		6		4	E		8				G		

Puzzle 585: Treacherous

6		G								9	C	2			4
	7		F	6			4	3			A	1		8	
B	4	E			3			F				9	A	D	7
		D	1									B	3		
				9	B							1	7		
D	F	3				G	4		B			7	C	6	
	5	9		3		6	G	8					2		
	A	G			4			6				8		F	
A	1	3		B				G				D	2		
		7		6	9	E	C	4	8				1		
8	C	9			7		2	F		D				4	5
			3	8					A	2					
			4	8								5	A		
	9	A				1			2			4	6		D
	8		E			B				F	G		5		
7			C	5									8	9	E

Puzzle 586: Treacherous

	1	A		C							G		2	B	
8	G			4	B					E		1		5	9
		4	6		G	2			9	5		C	F		
		2		6		1	D	B			F		4		
2				7	D		1	G		3	B				C
7			A				2	4				F			8
		1	A		3	6	E	2		C	B				
	D				8			1					2		
	B				G			8					4		
	7		C	E			8	9	3		A	G			
1			3				B	6				5			E
4	6				A		3	5		1				7	B
		1		9		C	A	F	B		5		8		
		D	4		5	B			A	G		7	6		
F	8		B		7					4		2		C	5
	A	C		2							3		B	E	

Puzzle 587: Treacherous

A			D			F			B			C			5
		7	2		9		5	8		1			B		
B			E	1		C			A		6	2			4
9	3													A	D
	B	A			4		E	1		6			C	5	
		1	7	6		B			9		C	A	4		
C			3	A	7				5	E	B	F			
	G			9	5					A	D			3	8
	A			B	E					G	3			4	2
				7	2				6	9	8				B
		B	F	8		G			2			6	5		
	2	5			A		9	7					E	F	
3	C													1	6
F			B	E		2			1		4	5			
		6			F	3	A	D		2		4	8		
G			9			7			8			D			A

Puzzle 588: Treacherous

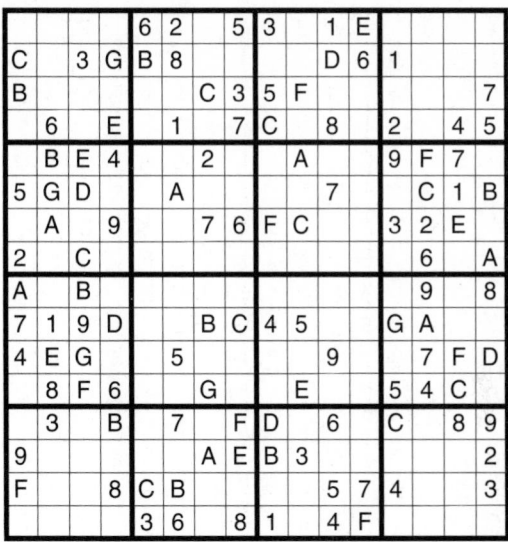

			6	2		5	3		1	E					
C		3	G	B	8					D	6	1			
B					C	3	5	F							7
	6		E		1		7	C		8		2		4	5
	B	E	4			2			A			9	F	7	
5	G	D			A					7			C	1	B
	A		9			7	6	F	C			3	2	E	
2		C											6		A
A		B											9		8
7	1	9	D			B	C	4	5			G	A		
4	E	G			5					9			7	F	D
	8	F	6			G			E			5	4	C	
	3		B		7		F	D		6		C		8	9
9						A	E	B	3						2
F			8	C	B					5	7	4			3
				3	6		8	1		4	F				

Puzzle 589: Treacherous

C			B	9		F			8	5					D
D	G			3		C	7		F					E	B
	F		B	A	4		D		E					7	
		E	2			D			A			3	F		
	C	4		A		F	1		G		7		3	2	
		F	1	4			D	5				E	6	C	
	5					3	2	6	C			9		F	
A			3			G			2			4			8
F			E			9			5			8			6
	6		8			5	E	4	D			A	9		
		3	5	C			A	9				8	E	D	
	2	D		3			6	8		E		F		G	
		2	C		A				F			1	5		
	9		7		F			E	6	5		D		C	
4	D				8		1		C					A	G
1			6	5		7	2		4	D					3

Puzzle 590: Treacherous

4		9			8	1	D	3				F		5	
	D		G			3			6			E		1	
C	1		A	5					8			B			3
	F			4	C			5	7				G		
7	B	A		C						5	1		9	8	G
	G		2			5	4					D		F	
		D		A			E	2	F	9	3		C		
			B	2	4			7	G	8				E	
	3			4	F	G			9	C	E			5	
		C		5	B	1	A	G	8		2		4		
	4		9			7	A					8		6	
A	8	B		9	D						F		G	C	2
	6			9	5			2	E				D		
8	A		7	6						F		9		3	4
	2		E		F			C				5		A	
G		5			A	3	B	4					2		C

Puzzle 591: Treacherous

	7	1		G	8			D	3			5	B		
	8		F	4	7				E			2		D	
D	6								2	G	4			A	C
	2				D	6	F	4			1		G		
	3			7				8	4			9	C		
	9			G	A	5			F	B	C			3	
8			6		F			B	2		D	E			5
				E		2	C	8	1		3				
			2	E	F	1	7		4						
E			8	5		7	B		A						2
	2			8	C			5	9				1		
	G		D			9	C			F		E			
	4		5		C	1	E					7			
G	E		5									1	2	C	3
	B		3		2					5	D		4		
		1	7			9			A			F	6		

Puzzle 592: Treacherous

Puzzle 593: Treacherous

Puzzle 594: Treacherous

2	E				A	B		C						7	8
8	G	A			E				7			6	D		
9			C		1		D	8		F		A			
	5		F	4				G		A	E		9		
5	7		F	C		D			3					B	A
	A			7		D	G		9		1			4	
6			2				8	B				5			9
		E		5		B	9	6	F		G		7		
		3		D		1	C	G	8		E		F		
7			E				4	A				B			D
				A		6	5	D	2		F			E	
	1			B		F			3		7			A	G
	2			D	C		4					B	G		F
B			A		D			E		G		6			C
F	6	C			G					1			B		E
G	4					9	6	F	A					2	3

Puzzle 595: Treacherous

		6	E			A	8				D	4			
	8			C	1			7	4				E		
	1	B	G	D	5					E	7		C		
9			A	8		B	3			1	6	G			F
	B			3		D	4		6					7	
E		8			G			2				1			C
		1	4			5	7		9			2	F	G	
F	G			A	8					5	C			D	6
B	4			E	1					F	5			6	8
	C	9	5			2	D		7			F		B	
7		E			9			A				C			D
	6			F		C	E	G					A		
6			7	4			E	C			2	3	5		G
	E	C	D	5	7						9	A	B		
	9			2	F			5	D				8		
		5	8			3	G					C	D		

Puzzle 596: Treacherous

Target Sudoku

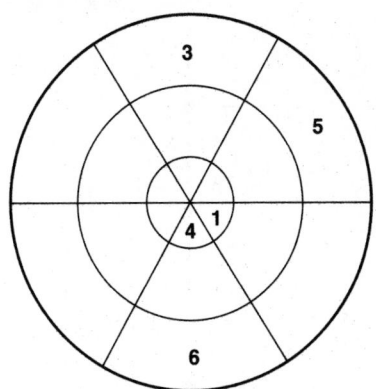

Puzzle 597: Bewildering

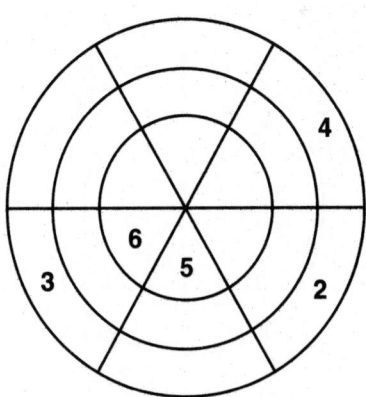

Puzzle 598: Bewildering

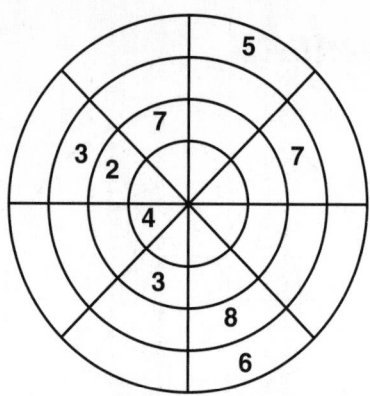

Puzzle 599: Bewildering

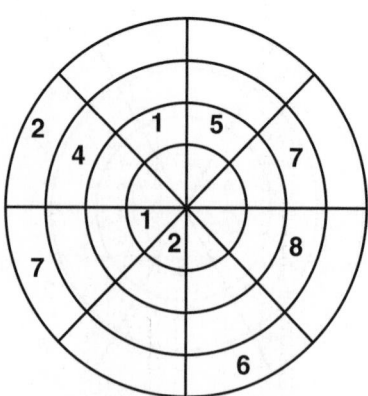

Puzzle 600: Bewildering

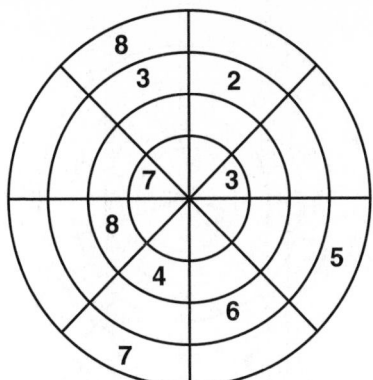

Puzzle 601: Bewildering

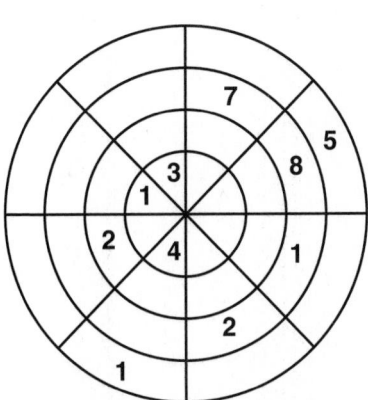

Puzzle 602: Bewildering

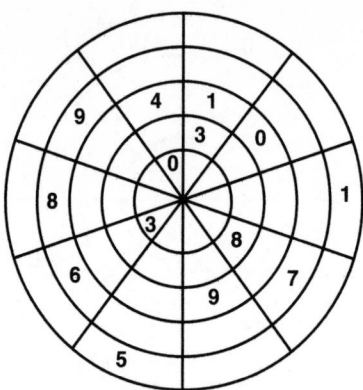

Puzzle 603: Bewildering

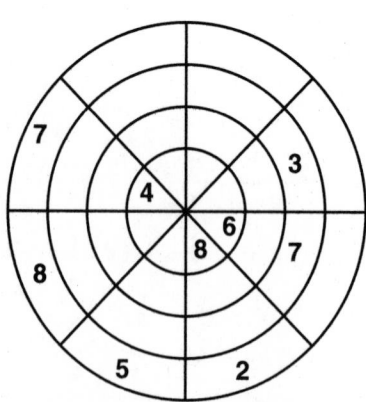

Puzzle 604: Bewildering

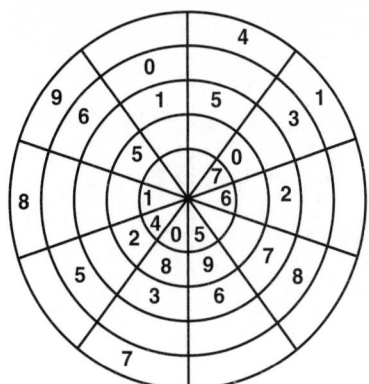

Puzzle 605: Bewildering

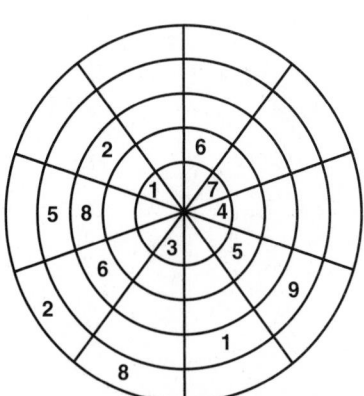

Puzzle 606: Bewildering

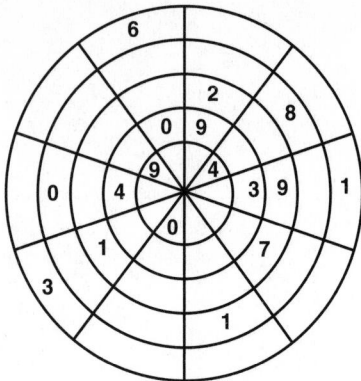

Puzzle 607: Bewildering

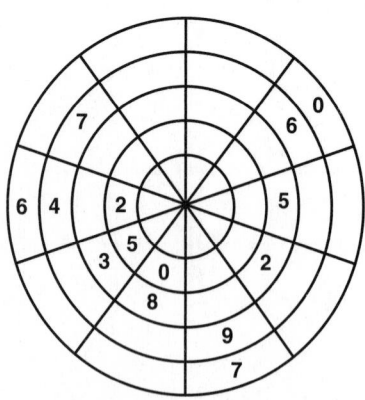

Puzzle 608: Bewildering

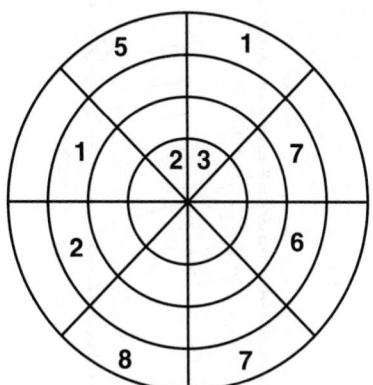

Puzzle 609: Bewildering

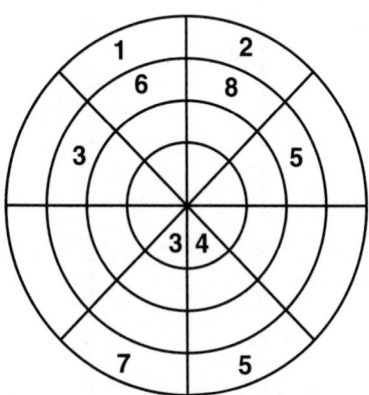

Puzzle 610: Bewildering

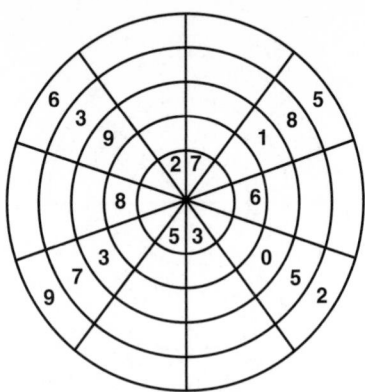

Puzzle 611: Bewildering

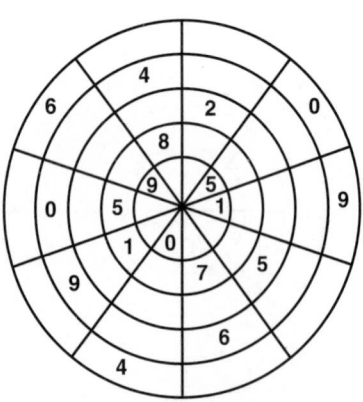

Puzzle 612: Bewildering

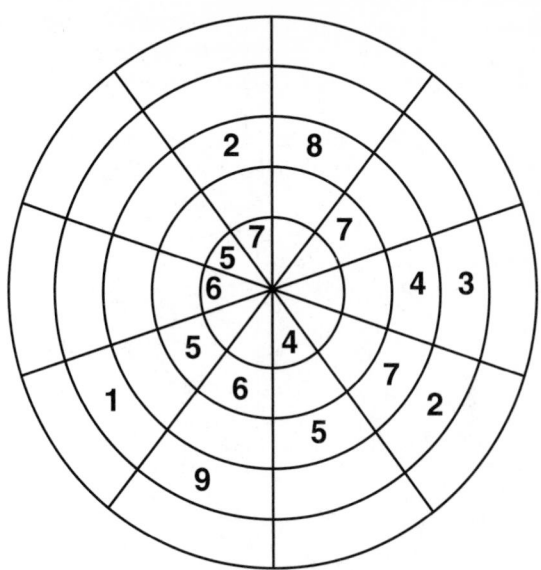

Puzzle 613: Bewildering

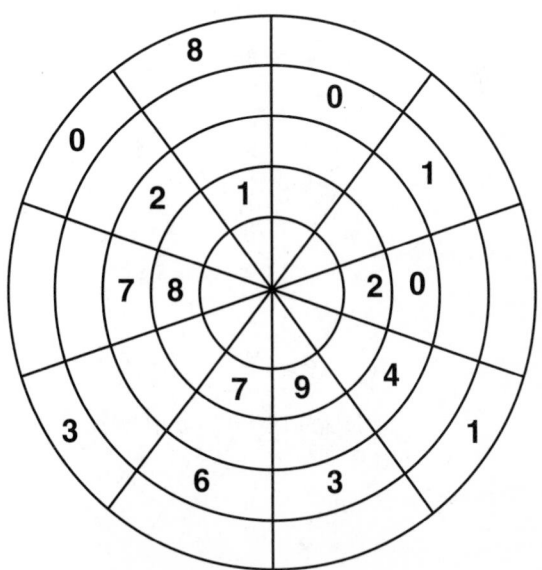

Puzzle 614: Bewildering

This 48-cell puzzle requires you to place 12 symbols in each ring. Each wedge, made up of three slices (white-grey-white), must contain the digits 0–9 and letters A and B.

Wedges made up of grey-white-grey slices don't follow this rule and won't contain all of the numbers and letters.

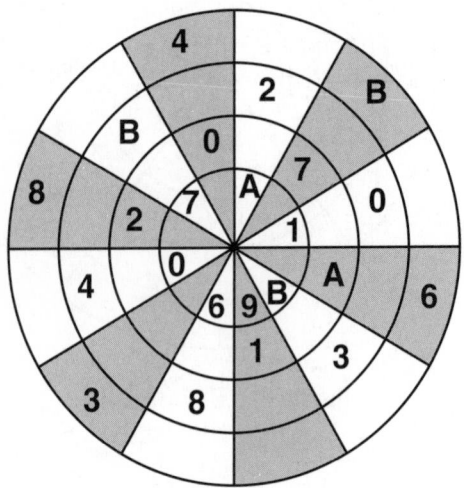

Puzzle 615: Bewildering

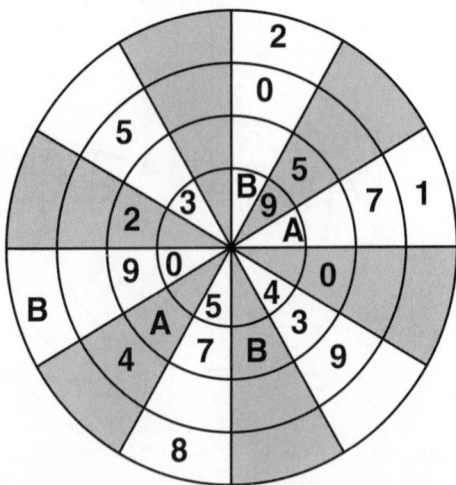

Puzzle 616: Bewildering

Part III

The Answer to Your Problems

"It's Deep Blue. After beating Garry Kasparov in chess we tried feeding it a diabolical sudoku puzzle, and after about an hour the whole thing just crashed."

In this part . . .

*I*t's no use having over 600 puzzles to solve if I don't give you the answers. Here you'll find the solutions to all of the puzzles in Part II. But remember, no cheating!

Answers

5	3	7	6	4	9	8	1	2
9	8	4	2	1	3	6	7	5
6	2	1	7	8	5	3	9	4
8	5	9	3	6	2	7	4	1
1	7	6	8	5	4	2	3	9
3	4	2	9	7	1	5	6	8
7	1	8	5	9	6	4	2	3
2	9	5	4	3	7	1	8	6
4	6	3	1	2	8	9	5	7

Puzzle 1

6	3	2	7	5	8	1	4	9
1	4	8	9	6	2	3	7	5
9	7	5	4	1	3	2	8	6
8	1	6	3	9	5	7	2	4
5	2	7	8	4	1	9	6	3
4	9	3	2	7	6	8	5	1
7	5	1	6	2	9	4	3	8
3	6	4	1	8	7	5	9	2
2	8	9	5	3	4	6	1	7

Puzzle 2

4	6	2	9	3	7	5	1	8
9	8	5	4	6	1	3	2	7
1	7	3	8	2	5	4	6	9
7	1	4	3	9	6	8	5	2
6	2	8	5	1	4	9	7	3
5	3	9	2	7	8	1	4	6
2	4	6	1	8	3	7	9	5
8	5	7	6	4	9	2	3	1
3	9	1	7	5	2	6	8	4

Puzzle 3

2	8	6	1	3	9	4	5	7
4	1	5	7	8	2	6	3	9
9	7	3	4	6	5	2	1	8
1	2	7	8	9	3	5	6	4
3	5	4	6	7	1	9	8	2
6	9	8	5	2	4	3	7	1
7	3	1	2	4	6	8	9	5
5	6	2	9	1	8	7	4	3
8	4	9	3	5	7	1	2	6

Puzzle 4

5	1	7	2	9	6	3	8	4
2	9	8	3	1	4	6	7	5
3	6	4	7	5	8	9	2	1
8	5	9	4	6	2	1	3	7
1	4	3	9	8	7	5	6	2
7	2	6	5	3	1	8	4	9
6	7	5	1	2	3	4	9	8
9	8	2	6	4	5	7	1	3
4	3	1	8	7	9	2	5	6

Puzzle 5

3	5	7	9	6	1	8	4	2
8	1	6	4	3	2	7	9	5
9	2	4	8	5	7	1	3	6
4	6	3	7	9	8	2	5	1
1	7	2	5	4	3	6	8	9
5	8	9	2	1	6	3	7	4
2	9	8	6	7	4	5	1	3
6	3	5	1	8	9	4	2	7
7	4	1	3	2	5	9	6	8

Puzzle 6

2	1	4	9	7	6	3	5	8
3	9	5	2	8	4	6	7	1
6	8	7	5	3	1	4	2	9
4	2	6	8	1	3	5	9	7
5	7	1	4	6	9	8	3	2
8	3	9	7	5	2	1	6	4
1	4	2	3	9	5	7	8	6
7	6	3	1	2	8	9	4	5
9	5	8	6	4	7	2	1	3

Puzzle 7

5	3	1	7	9	8	4	6	2
4	2	6	5	1	3	7	9	8
8	7	9	2	4	6	1	3	5
9	1	2	4	7	5	3	8	6
3	4	5	8	6	2	9	1	7
6	8	7	1	3	9	2	5	4
1	6	4	9	5	7	8	2	3
2	9	3	6	8	4	5	7	1
7	5	8	3	2	1	6	4	9

Puzzle 8

4	3	9	7	1	6	5	2	8
6	5	8	2	4	3	9	1	7
2	7	1	8	5	9	4	6	3
7	2	6	9	8	1	3	4	5
1	8	5	3	6	4	7	9	2
9	4	3	5	7	2	1	8	6
5	6	7	4	9	8	2	3	1
3	1	4	6	2	7	8	5	9
8	9	2	1	3	5	6	7	4

Puzzle 9

6	3	1	5	9	2	8	7	4
5	8	4	3	7	6	1	9	2
2	7	9	4	8	1	3	5	6
7	1	8	6	3	4	9	2	5
9	4	2	8	1	5	7	6	3
3	6	5	9	2	7	4	1	8
4	9	7	2	5	3	6	8	1
1	5	6	7	4	8	2	3	9
8	2	3	1	6	9	5	4	7

Puzzle 10

5	4	3	7	2	8	1	9	6
6	7	9	4	1	5	3	2	8
8	1	2	6	3	9	5	4	7
4	5	6	9	8	2	7	3	1
1	3	7	5	4	6	2	8	9
2	9	8	3	7	1	4	6	5
9	6	1	2	5	3	8	7	4
3	8	4	1	9	7	6	5	2
7	2	5	8	6	4	9	1	3

Puzzle 11

9	1	6	4	5	2	7	3	8
3	7	8	9	6	1	5	4	2
4	5	2	8	3	7	9	6	1
1	4	7	6	8	5	3	2	9
8	6	9	1	2	3	4	5	7
2	3	5	7	4	9	8	1	6
6	2	3	5	9	8	1	7	4
5	9	1	2	7	4	6	8	3
7	8	4	3	1	6	2	9	5

Puzzle 12

3	4	1	9	6	8	2	5	7
9	7	2	3	1	5	6	4	8
6	8	5	4	7	2	3	9	1
5	6	9	8	4	3	1	7	2
7	2	8	1	9	6	5	3	4
4	1	3	5	2	7	8	6	9
1	3	7	6	8	4	9	2	5
2	9	6	7	5	1	4	8	3
8	5	4	2	3	9	7	1	6

Puzzle 13

1	7	2	3	5	6	8	4	9
8	9	6	7	4	1	2	3	5
4	3	5	2	9	8	6	7	1
6	8	9	1	7	5	3	2	4
5	2	3	9	6	4	7	1	8
7	4	1	8	3	2	9	5	6
9	5	4	6	2	3	1	8	7
2	1	7	5	8	9	4	6	3
3	6	8	4	1	7	5	9	2

Puzzle 14

5	9	6	2	3	7	1	8	4
7	4	3	8	9	1	2	5	6
1	2	8	4	5	6	7	9	3
8	7	2	1	6	3	9	4	5
6	5	9	7	2	4	3	1	8
3	1	4	9	8	5	6	2	7
4	6	7	5	1	2	8	3	9
2	8	5	3	7	9	4	6	1
9	3	1	6	4	8	5	7	2

Puzzle 15

2	4	7	6	3	5	9	8	1
3	6	1	2	9	8	4	7	5
9	5	8	4	7	1	2	6	3
8	9	6	5	1	3	7	2	4
4	2	3	7	8	6	5	1	9
1	7	5	9	2	4	6	3	8
7	3	2	1	4	9	8	5	6
5	8	9	3	6	2	1	4	7
6	1	4	8	5	7	3	9	2

Puzzle 16

Puzzle 17

8	1	3	7	4	9	6	5	2
2	4	6	3	5	8	9	7	1
9	5	7	6	2	1	4	8	3
7	3	2	8	6	5	1	4	9
1	6	5	9	3	4	8	2	7
4	8	9	2	1	7	5	3	6
6	9	4	5	7	2	3	1	8
3	7	1	4	8	6	2	9	5
5	2	8	1	9	3	7	6	4

Puzzle 18

5	8	9	7	4	1	3	6	2
4	7	2	6	8	3	9	1	5
1	6	3	9	5	2	8	4	7
2	9	5	1	7	4	6	3	8
8	3	1	2	9	6	7	5	4
6	4	7	5	3	8	2	9	1
3	1	6	4	2	7	5	8	9
9	2	8	3	1	5	4	7	6
7	5	4	8	6	9	1	2	3

Puzzle 19

5	8	7	4	1	2	3	9	6
4	3	6	9	7	8	2	1	5
9	1	2	6	5	3	7	4	8
1	9	5	8	2	7	6	3	4
2	6	3	1	4	5	8	7	9
8	7	4	3	6	9	5	2	1
7	4	8	2	9	6	1	5	3
3	5	9	7	8	1	4	6	2
6	2	1	5	3	4	9	8	7

Puzzle 20

1	9	8	4	2	3	7	6	5
2	5	4	9	7	6	3	8	1
3	6	7	8	5	1	9	2	4
7	1	3	6	9	8	4	5	2
9	2	5	7	1	4	8	3	6
4	8	6	5	3	2	1	9	7
6	3	2	1	4	9	5	7	8
5	4	9	2	8	7	6	1	3
8	7	1	3	6	5	2	4	9

Puzzle 21

7	3	5	9	8	4	2	1	6
4	6	1	3	2	7	5	8	9
8	2	9	1	6	5	3	4	7
6	9	4	8	5	3	7	2	1
3	1	2	7	9	6	8	5	4
5	7	8	4	1	2	6	9	3
9	4	7	5	3	8	1	6	2
1	8	6	2	7	9	4	3	5
2	5	3	6	4	1	9	7	8

Puzzle 22

9	8	7	6	1	3	5	2	4
5	4	3	2	7	8	9	6	1
1	6	2	9	5	4	8	3	7
2	5	1	4	6	9	3	7	8
7	3	8	1	2	5	6	4	9
4	9	6	3	8	7	2	1	5
6	7	9	5	3	1	4	8	2
8	2	5	7	4	6	1	9	3
3	1	4	8	9	2	7	5	6

Puzzle 23

4	3	2	8	1	9	5	7	6
5	1	7	3	6	4	9	2	8
6	9	8	7	2	5	1	3	4
8	2	6	5	9	7	4	1	3
3	7	1	2	4	6	8	5	9
9	5	4	1	3	8	7	6	2
7	6	9	4	5	3	2	8	1
1	4	5	6	8	2	3	9	7
2	8	3	9	7	1	6	4	5

Puzzle 24

9	7	6	5	2	4	8	1	3
5	8	1	3	6	7	2	4	9
3	4	2	8	1	9	5	7	6
6	9	5	7	3	1	4	8	2
7	2	8	4	9	6	3	5	1
4	1	3	2	8	5	9	6	7
1	5	4	9	7	3	6	2	8
2	3	7	6	4	8	1	9	5
8	6	9	1	5	2	7	3	4

2	4	7	5	9	3	6	8	1
8	6	1	2	4	7	5	9	3
5	3	9	6	8	1	2	7	4
7	8	3	4	1	5	9	6	2
4	2	6	8	7	9	1	3	5
1	9	5	3	6	2	8	4	7
9	1	4	7	5	8	3	2	6
3	7	8	1	2	6	4	5	9
6	5	2	9	3	4	7	1	8

Puzzle 25

2	7	9	8	1	3	6	5	4
5	4	3	7	6	9	2	8	1
6	1	8	2	4	5	3	9	7
7	3	2	6	9	1	5	4	8
9	8	4	3	5	7	1	2	6
1	5	6	4	8	2	7	3	9
8	9	5	1	2	6	4	7	3
4	6	7	5	3	8	9	1	2
3	2	1	9	7	4	8	6	5

Puzzle 26

2	4	3	9	5	7	1	8	6
9	7	8	1	6	4	3	5	2
6	5	1	3	8	2	4	7	9
4	3	9	8	1	6	5	2	7
1	6	7	5	2	3	9	4	8
5	8	2	4	7	9	6	1	3
8	9	5	7	3	1	2	6	4
7	2	4	6	9	5	8	3	1
3	1	6	2	4	8	7	9	5

Puzzle 27

9	3	6	7	5	4	2	1	8
1	2	8	6	9	3	5	7	4
7	4	5	1	8	2	3	6	9
5	6	1	3	4	9	8	2	7
2	7	3	5	6	8	9	4	1
4	8	9	2	1	7	6	3	5
3	5	2	8	7	1	4	9	6
8	9	7	4	3	6	1	5	2
6	1	4	9	2	5	7	8	3

Puzzle 28

2	7	1	9	8	3	5	4	6
5	6	4	2	7	1	8	9	3
8	9	3	4	6	5	7	2	1
9	3	5	6	1	7	4	8	2
6	4	2	8	5	9	3	1	7
1	8	7	3	2	4	9	6	5
3	5	6	1	9	8	2	7	4
4	2	8	7	3	6	1	5	9
7	1	9	5	4	2	6	3	8

Puzzle 29

4	5	3	2	9	7	6	8	1
9	2	8	1	6	4	3	7	5
1	6	7	8	5	3	4	2	9
5	4	2	7	3	6	9	1	8
8	1	6	9	2	5	7	3	4
7	3	9	4	8	1	5	6	2
2	8	5	6	7	9	1	4	3
3	7	4	5	1	8	2	9	6
6	9	1	3	4	2	8	5	7

Puzzle 30

3	7	6	9	1	5	4	2	8
2	8	5	3	7	4	6	9	1
4	1	9	2	8	6	7	5	3
7	5	2	1	6	9	3	8	4
8	3	1	7	4	2	9	6	5
6	9	4	5	3	8	2	1	7
5	4	7	6	2	1	8	3	9
9	2	3	8	5	7	1	4	6
1	6	8	4	9	3	5	7	2

Puzzle 31

8	3	4	2	9	5	7	1	6
1	5	9	6	8	7	2	3	4
7	2	6	3	4	1	8	9	5
9	7	1	8	2	4	6	5	3
5	8	3	1	6	9	4	7	2
6	4	2	7	5	3	9	8	1
3	9	8	4	1	2	5	6	7
4	6	7	5	3	8	1	2	9
2	1	5	9	7	6	3	4	8

Puzzle 32

3	5	9	2	4	7	8	1	6
6	8	2	9	5	1	7	3	4
4	1	7	8	3	6	5	9	2
9	7	3	5	2	4	6	8	1
1	2	8	6	9	3	4	5	7
5	6	4	1	7	8	9	2	3
2	4	5	3	6	9	1	7	8
7	3	1	4	8	5	2	6	9
8	9	6	7	1	2	3	4	5

Puzzle 33

3	6	7	8	9	4	5	1	2
5	1	4	7	2	6	3	9	8
2	8	9	5	1	3	7	4	6
7	9	6	3	4	5	2	8	1
4	2	8	9	7	1	6	5	3
1	3	5	6	8	2	4	7	9
6	4	1	2	5	9	8	3	7
8	5	3	1	6	7	9	2	4
9	7	2	4	3	8	1	6	5

Puzzle 34

9	1	2	8	6	4	7	5	3
8	3	7	9	2	5	4	6	1
6	4	5	7	3	1	8	9	2
2	6	3	4	7	9	5	1	8
1	8	4	3	5	6	2	7	9
5	7	9	1	8	2	6	3	4
7	2	1	5	9	8	3	4	6
3	9	6	2	4	7	1	8	5
4	5	8	6	1	3	9	2	7

Puzzle 35

6	1	4	5	7	3	2	8	9
8	7	3	1	2	9	4	6	5
9	2	5	4	8	6	7	3	1
1	9	6	3	4	8	5	7	2
4	3	7	2	5	1	6	9	8
5	8	2	9	6	7	1	4	3
2	5	9	7	3	4	8	1	6
3	4	8	6	1	2	9	5	7
7	6	1	8	9	5	3	2	4

Puzzle 36

5	8	6	3	2	9	7	1	4
9	4	7	5	8	1	2	3	6
1	2	3	4	6	7	9	5	8
2	3	8	1	4	6	5	7	9
4	6	9	7	5	3	8	2	1
7	1	5	2	9	8	6	4	3
6	5	1	8	3	2	4	9	7
8	7	2	9	1	4	3	6	5
3	9	4	6	7	5	1	8	2

Puzzle 37

8	9	6	1	7	3	2	4	5
5	7	4	2	9	6	8	1	3
2	1	3	5	4	8	7	6	9
4	6	2	9	8	5	3	7	1
9	3	1	7	6	4	5	2	8
7	5	8	3	1	2	4	9	6
6	4	7	8	3	9	1	5	2
1	8	5	6	2	7	9	3	4
3	2	9	4	5	1	6	8	7

Puzzle 38

9	5	3	2	4	8	7	6	1
2	7	4	9	1	6	3	8	5
8	1	6	7	5	3	4	2	9
1	4	9	8	6	2	5	3	7
3	2	7	1	9	5	6	4	8
5	6	8	3	7	4	9	1	2
7	3	1	6	8	9	2	5	4
4	9	2	5	3	1	8	7	6
6	8	5	4	2	7	1	9	3

Puzzle 39

9	3	2	8	4	5	7	1	6
5	6	7	9	2	1	4	8	3
4	1	8	3	6	7	2	5	9
2	8	1	6	7	3	5	9	4
6	7	9	2	5	4	8	3	1
3	5	4	1	8	9	6	2	7
7	9	5	4	1	8	3	6	2
8	2	3	7	9	6	1	4	5
1	4	6	5	3	2	9	7	8

Puzzle 40

4	5	6	3	9	1	7	8	2
7	1	2	6	4	8	9	3	5
9	8	3	7	2	5	4	6	1
8	4	9	1	7	2	3	5	6
6	2	5	8	3	4	1	9	7
1	3	7	5	6	9	8	2	4
5	9	8	4	1	6	2	7	3
3	6	1	2	8	7	5	4	9
2	7	4	9	5	3	6	1	8

Puzzle 41

4	5	2	6	3	7	9	8	1
6	7	1	9	2	8	4	3	5
9	3	8	1	5	4	7	2	6
8	6	4	5	1	3	2	7	9
2	1	3	7	6	9	5	4	8
7	9	5	8	4	2	6	1	3
1	4	6	3	7	5	8	9	2
3	2	9	4	8	6	1	5	7
5	8	7	2	9	1	3	6	4

Puzzle 42

2	6	7	9	3	8	1	4	5
4	5	9	6	1	2	8	3	7
1	8	3	4	5	7	2	6	9
7	2	4	8	6	3	5	9	1
5	1	6	2	4	9	3	7	8
9	3	8	5	7	1	6	2	4
8	4	5	7	2	6	9	1	3
3	9	2	1	8	4	7	5	6
6	7	1	3	9	5	4	8	2

Puzzle 43

3	7	9	2	4	8	6	1	5
2	5	4	1	3	6	9	7	8
8	6	1	9	5	7	2	3	4
6	4	5	3	8	9	1	2	7
1	9	8	4	7	2	5	6	3
7	3	2	6	1	5	8	4	9
5	8	6	7	2	4	3	9	1
9	1	7	8	6	3	4	5	2
4	2	3	5	9	1	7	8	6

Puzzle 44

7	4	3	9	8	2	1	6	5
6	1	5	4	7	3	8	2	9
2	9	8	5	6	1	3	7	4
5	3	6	7	9	4	2	1	8
8	7	1	6	2	5	9	4	3
4	2	9	1	3	8	6	5	7
3	6	2	8	4	7	5	9	1
1	8	4	2	5	9	7	3	6
9	5	7	3	1	6	4	8	2

Puzzle 45

8	1	7	4	3	2	9	6	5
9	3	6	5	7	8	4	1	2
5	2	4	6	1	9	3	7	8
1	4	2	9	8	3	7	5	6
6	5	8	7	4	1	2	9	3
7	9	3	2	6	5	1	8	4
2	8	5	1	9	4	6	3	7
3	7	1	8	2	6	5	4	9
4	6	9	3	5	7	8	2	1

Puzzle 46

3	4	6	5	2	8	1	9	7
7	1	5	9	3	4	2	6	8
8	2	9	1	7	6	4	3	5
2	3	1	6	8	5	9	7	4
9	7	4	2	1	3	5	8	6
5	6	8	4	9	7	3	1	2
6	8	2	3	4	9	7	5	1
1	5	3	7	6	2	8	4	9
4	9	7	8	5	1	6	2	3

Puzzle 47

2	8	6	7	3	1	4	5	9
3	4	9	2	5	8	6	7	1
7	5	1	6	9	4	3	8	2
5	1	8	4	7	3	9	2	6
9	6	3	5	1	2	8	4	7
4	2	7	8	6	9	1	3	5
1	9	5	3	4	7	2	6	8
8	7	4	1	2	6	5	9	3
6	3	2	9	8	5	7	1	4

Puzzle 48

Puzzle 49

2	8	1	6	4	7	9	5	3
7	3	5	8	9	2	6	4	1
6	9	4	1	5	3	8	2	7
9	2	3	5	7	6	4	1	8
1	4	8	2	3	9	5	7	6
5	6	7	4	8	1	3	9	2
3	1	2	9	6	5	7	8	4
4	7	9	3	1	8	2	6	5
8	5	6	7	2	4	1	3	9

Puzzle 50

8	2	5	7	3	4	1	9	6
6	3	4	1	9	8	7	5	2
9	7	1	6	2	5	3	8	4
2	8	7	9	5	6	4	3	1
1	9	3	8	4	7	2	6	5
5	4	6	2	1	3	8	7	9
4	5	8	3	6	1	9	2	7
7	1	9	5	8	2	6	4	3
3	6	2	4	7	9	5	1	8

Puzzle 51

1	6	5	4	8	3	7	2	9
2	4	3	9	7	1	6	8	5
9	7	8	5	6	2	3	4	1
5	8	4	3	2	7	1	9	6
6	9	7	1	4	5	2	3	8
3	1	2	6	9	8	5	7	4
4	2	1	7	5	9	8	6	3
8	3	6	2	1	4	9	5	7
7	5	9	8	3	6	4	1	2

Puzzle 52

7	3	2	1	6	4	9	8	5
4	9	5	3	7	8	1	2	6
1	8	6	9	5	2	4	7	3
3	4	7	5	2	6	8	1	9
6	1	8	4	9	3	2	5	7
5	2	9	8	1	7	6	3	4
8	6	1	7	3	9	5	4	2
9	7	4	2	8	5	3	6	1
2	5	3	6	4	1	7	9	8

7	8	3	6	1	4	9	5	2
4	5	9	2	3	7	6	8	1
2	6	1	5	8	9	3	7	4
1	3	6	8	5	2	4	9	7
8	4	5	7	9	6	1	2	3
9	2	7	3	4	1	5	6	8
6	1	4	9	2	8	7	3	5
3	7	2	4	6	5	8	1	9
5	9	8	1	7	3	2	4	6

Puzzle 53

7	3	5	6	1	9	2	8	4
4	2	8	7	5	3	6	1	9
6	9	1	2	8	4	3	7	5
9	4	6	8	3	5	1	2	7
2	1	7	4	9	6	5	3	8
8	5	3	1	2	7	4	9	6
1	7	4	3	6	8	9	5	2
5	6	2	9	7	1	8	4	3
3	8	9	5	4	2	7	6	1

Puzzle 54

6	7	4	3	5	2	1	8	9
1	3	9	7	4	8	6	2	5
2	5	8	9	1	6	7	3	4
8	1	3	4	2	9	5	7	6
4	6	5	1	7	3	2	9	8
9	2	7	8	6	5	4	1	3
7	8	6	5	3	1	9	4	2
5	9	1	2	8	4	3	6	7
3	4	2	6	9	7	8	5	1

Puzzle 55

9	6	5	2	3	1	8	4	7
3	7	8	6	4	9	2	5	1
4	1	2	8	7	5	6	3	9
1	4	9	5	2	6	7	8	3
2	3	7	1	8	4	9	6	5
5	8	6	7	9	3	1	2	4
6	2	1	3	5	7	4	9	8
8	9	3	4	1	2	5	7	6
7	5	4	9	6	8	3	1	2

Puzzle 56

8	4	6	3	1	7	5	9	2
1	7	5	9	8	2	6	3	4
2	3	9	6	5	4	1	8	7
4	8	3	5	6	1	7	2	9
5	1	7	2	9	3	4	6	8
9	6	2	4	7	8	3	5	1
3	2	1	8	4	6	9	7	5
7	5	8	1	3	9	2	4	6
6	9	4	7	2	5	8	1	3

Puzzle 57

8	1	2	4	7	5	3	9	6
6	7	5	3	8	9	1	4	2
4	3	9	6	1	2	5	7	8
3	9	8	2	5	6	7	1	4
5	6	7	1	4	3	2	8	9
2	4	1	8	9	7	6	3	5
7	8	4	5	6	1	9	2	3
9	2	6	7	3	8	4	5	1
1	5	3	9	2	4	8	6	7

Puzzle 58

7	6	5	2	1	8	9	3	4
8	9	2	3	6	4	1	5	7
4	3	1	9	7	5	2	6	8
5	1	8	6	3	9	4	7	2
2	4	6	5	8	7	3	1	9
9	7	3	1	4	2	5	8	6
1	8	7	4	2	3	6	9	5
6	5	4	8	9	1	7	2	3
3	2	9	7	5	6	8	4	1

Puzzle 59

2	8	7	9	5	4	3	1	6
1	4	3	7	8	6	5	2	9
9	6	5	2	3	1	8	7	4
7	3	2	5	9	8	4	6	1
4	5	1	6	7	3	2	9	8
6	9	8	1	4	2	7	5	3
8	2	9	4	6	7	1	3	5
5	7	4	3	1	9	6	8	2
3	1	6	8	2	5	9	4	7

Puzzle 60

8	7	6	3	5	9	2	4	1
1	3	2	4	8	6	9	5	7
5	4	9	1	7	2	6	3	8
9	6	8	5	2	3	1	7	4
4	1	7	9	6	8	5	2	3
3	2	5	7	4	1	8	9	6
6	5	4	8	9	7	3	1	2
7	8	1	2	3	5	4	6	9
2	9	3	6	1	4	7	8	5

Puzzle 61

4	3	1	6	7	2	5	8	9
7	5	6	3	8	9	2	4	1
2	8	9	1	5	4	3	6	7
9	4	8	7	2	1	6	3	5
5	2	7	8	6	3	1	9	4
1	6	3	4	9	5	7	2	8
6	7	2	5	4	8	9	1	3
8	1	5	9	3	6	4	7	2
3	9	4	2	1	7	8	5	6

Puzzle 62

8	2	4	6	7	9	3	1	5
3	6	1	5	8	2	9	4	7
7	9	5	4	3	1	8	6	2
1	8	7	9	4	5	6	2	3
9	5	6	1	2	3	7	8	4
2	4	3	8	6	7	5	9	1
4	7	2	3	9	6	1	5	8
6	1	8	7	5	4	2	3	9
5	3	9	2	1	8	4	7	6

Puzzle 63

6	3	9	2	5	4	7	8	1
8	5	4	7	1	3	9	2	6
2	7	1	6	8	9	4	5	3
1	2	7	3	9	8	6	4	5
9	6	5	4	7	2	1	3	8
3	4	8	5	6	1	2	7	9
5	1	6	8	4	7	3	9	2
7	9	3	1	2	5	8	6	4
4	8	2	9	3	6	5	1	7

Puzzle 64

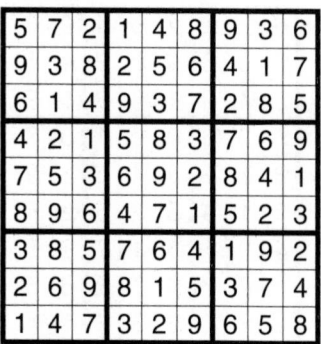

3	2	9	4	6	8	5	1	7
4	5	1	2	9	7	6	8	3
8	6	7	1	5	3	4	9	2
7	1	3	9	4	6	2	5	8
2	4	8	7	1	5	3	6	9
6	9	5	8	3	2	1	7	4
1	8	6	3	7	4	9	2	5
9	3	2	5	8	1	7	4	6
5	7	4	6	2	9	8	3	1

Puzzle 65

7	6	8	9	5	4	3	2	1
5	4	2	3	6	1	7	9	8
1	9	3	2	8	7	5	6	4
9	3	5	7	4	8	6	1	2
2	7	4	6	1	9	8	5	3
8	1	6	5	2	3	4	7	9
3	5	9	4	7	2	1	8	6
6	2	1	8	3	5	9	4	7
4	8	7	1	9	6	2	3	5

Puzzle 66

5	7	2	1	4	8	9	3	6
9	3	8	2	5	6	4	1	7
6	1	4	9	3	7	2	8	5
4	2	1	5	8	3	7	6	9
7	5	3	6	9	2	8	4	1
8	9	6	4	7	1	5	2	3
3	8	5	7	6	4	1	9	2
2	6	9	8	1	5	3	7	4
1	4	7	3	2	9	6	5	8

Puzzle 67

7	6	8	5	9	2	1	3	4
2	4	9	1	7	3	6	8	5
1	3	5	8	4	6	2	9	7
8	7	2	6	5	9	3	4	1
4	5	3	7	8	1	9	6	2
9	1	6	3	2	4	5	7	8
5	9	1	4	6	7	8	2	3
6	8	4	2	3	5	7	1	9
3	2	7	9	1	8	4	5	6

Puzzle 68

Puzzle 69

9	2	6	4	1	8	7	3	5
4	7	3	9	2	5	8	6	1
1	8	5	3	7	6	9	4	2
2	3	4	8	5	9	1	7	6
6	5	7	2	3	1	4	8	9
8	1	9	6	4	7	2	5	3
7	6	1	5	9	4	3	2	8
3	9	8	7	6	2	5	1	4
5	4	2	1	8	3	6	9	7

Puzzle 70

5	8	2	1	7	6	3	9	4
3	6	4	9	2	8	5	7	1
7	1	9	5	4	3	6	8	2
1	7	8	6	9	4	2	3	5
2	4	3	8	5	1	9	6	7
6	9	5	7	3	2	1	4	8
4	3	6	2	8	5	7	1	9
9	5	1	4	6	7	8	2	3
8	2	7	3	1	9	4	5	6

Puzzle 71

5	8	4	1	6	9	2	7	3
2	7	3	4	8	5	6	9	1
6	9	1	7	2	3	8	4	5
7	6	2	5	1	4	3	8	9
3	4	9	6	7	8	1	5	2
8	1	5	3	9	2	7	6	4
1	5	8	9	3	7	4	2	6
9	2	6	8	4	1	5	3	7
4	3	7	2	5	6	9	1	8

Puzzle 72

6	2	1	7	5	4	9	3	8
7	5	8	9	2	3	4	1	6
3	4	9	1	6	8	5	2	7
5	3	6	2	9	1	8	7	4
8	7	2	3	4	6	1	9	5
9	1	4	8	7	5	2	6	3
4	9	3	5	1	7	6	8	2
1	6	7	4	8	2	3	5	9
2	8	5	6	3	9	7	4	1

Puzzle 73

1	7	5	2	9	4	3	8	6
9	6	3	1	5	8	2	7	4
2	8	4	7	3	6	9	1	5
5	3	9	6	7	2	1	4	8
7	2	1	4	8	3	5	6	9
8	4	6	9	1	5	7	2	3
3	1	8	5	6	7	4	9	2
4	5	7	8	2	9	6	3	1
6	9	2	3	4	1	8	5	7

Puzzle 74

6	8	7	3	4	1	9	5	2
1	3	2	7	9	5	8	4	6
5	4	9	2	8	6	1	7	3
2	6	1	9	5	4	3	8	7
8	5	4	6	3	7	2	1	9
9	7	3	1	2	8	5	6	4
4	2	8	5	6	3	7	9	1
7	9	5	4	1	2	6	3	8
3	1	6	8	7	9	4	2	5

Puzzle 75

6	5	7	4	1	2	9	8	3
9	8	2	3	7	5	6	1	4
4	1	3	8	6	9	5	7	2
7	4	6	5	3	1	8	2	9
3	2	5	9	8	4	1	6	7
1	9	8	7	2	6	4	3	5
8	7	9	6	4	3	2	5	1
2	6	4	1	5	7	3	9	8
5	3	1	2	9	8	7	4	6

Puzzle 76

9	3	8	2	6	7	5	4	1
2	4	5	8	9	1	6	3	7
7	6	1	5	3	4	8	9	2
4	5	3	7	1	6	9	2	8
1	2	6	9	8	3	4	7	5
8	7	9	4	2	5	1	6	3
5	1	4	3	7	9	2	8	6
3	9	2	6	5	8	7	1	4
6	8	7	1	4	2	3	5	9

3	8	4	7	1	2	5	9	6
7	6	1	9	5	3	4	8	2
9	5	2	4	8	6	1	3	7
2	9	6	1	3	8	7	5	4
5	7	8	6	4	9	2	1	3
4	1	3	5	2	7	8	6	9
6	4	9	8	7	5	3	2	1
8	3	7	2	6	1	9	4	5
1	2	5	3	9	4	6	7	8

Puzzle 77

4	1	3	6	2	5	9	8	7
8	5	9	7	4	1	2	6	3
6	2	7	8	9	3	1	4	5
1	7	5	9	6	8	3	2	4
2	4	8	1	3	7	5	9	6
9	3	6	4	5	2	7	1	8
3	8	1	2	7	6	4	5	9
7	9	2	5	8	4	6	3	1
5	6	4	3	1	9	8	7	2

Puzzle 78

3	7	5	6	8	1	9	2	4
6	8	9	5	4	2	7	3	1
4	1	2	7	9	3	6	8	5
2	9	8	1	7	5	3	4	6
1	5	6	4	3	8	2	7	9
7	3	4	9	2	6	1	5	8
5	4	7	3	6	9	8	1	2
8	6	3	2	1	4	5	9	7
9	2	1	8	5	7	4	6	3

Puzzle 79

1	9	6	8	5	7	2	3	4
8	4	3	6	2	9	5	7	1
2	5	7	3	4	1	9	8	6
4	3	2	1	6	5	7	9	8
9	8	1	7	3	4	6	5	2
6	7	5	9	8	2	4	1	3
5	1	8	4	9	6	3	2	7
3	6	9	2	7	8	1	4	5
7	2	4	5	1	3	8	6	9

Puzzle 80

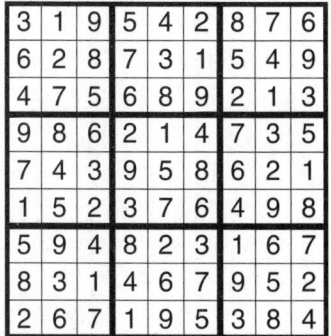

6	5	2	1	3	7	4	8	9
9	4	7	6	8	2	3	1	5
8	3	1	5	4	9	2	6	7
7	9	8	3	5	1	6	4	2
2	1	5	7	6	4	8	9	3
4	6	3	9	2	8	5	7	1
1	8	6	2	7	3	9	5	4
3	7	4	8	9	5	1	2	6
5	2	9	4	1	6	7	3	8

Puzzle 81

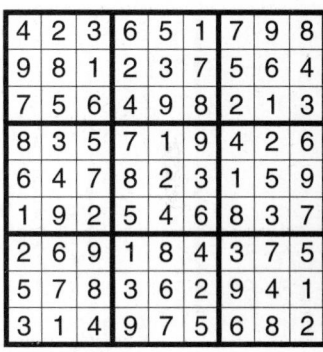

4	2	3	6	5	1	7	9	8
9	8	1	2	3	7	5	6	4
7	5	6	4	9	8	2	1	3
8	3	5	7	1	9	4	2	6
6	4	7	8	2	3	1	5	9
1	9	2	5	4	6	8	3	7
2	6	9	1	8	4	3	7	5
5	7	8	3	6	2	9	4	1
3	1	4	9	7	5	6	8	2

Puzzle 82

3	1	9	5	4	2	8	7	6
6	2	8	7	3	1	5	4	9
4	7	5	6	8	9	2	1	3
9	8	6	2	1	4	7	3	5
7	4	3	9	5	8	6	2	1
1	5	2	3	7	6	4	9	8
5	9	4	8	2	3	1	6	7
8	3	1	4	6	7	9	5	2
2	6	7	1	9	5	3	8	4

Puzzle 83

9	7	4	8	1	6	2	3	5
1	2	3	5	9	4	8	7	6
5	6	8	3	7	2	9	4	1
6	1	2	7	8	9	4	5	3
4	9	5	6	2	3	7	1	8
8	3	7	1	4	5	6	2	9
7	5	1	2	6	8	3	9	4
2	8	9	4	3	1	5	6	7
3	4	6	9	5	7	1	8	2

Puzzle 84

7	4	3	8	6	9	5	2	1
8	5	6	3	2	1	4	7	9
9	1	2	7	4	5	3	6	8
4	6	5	9	7	3	1	8	2
2	7	8	4	1	6	9	5	3
3	9	1	5	8	2	6	4	7
6	8	7	1	3	4	2	9	5
5	3	4	2	9	7	8	1	6
1	2	9	6	5	8	7	3	4

Puzzle 85

7	6	2	5	3	9	8	1	4
1	9	4	8	7	2	3	5	6
8	3	5	4	1	6	2	9	7
3	5	6	2	4	1	7	8	9
4	7	9	6	8	5	1	3	2
2	8	1	7	9	3	4	6	5
6	4	8	1	5	7	9	2	3
5	1	3	9	2	4	6	7	8
9	2	7	3	6	8	5	4	1

Puzzle 86

9	3	1	4	8	5	7	6	2
7	4	6	1	2	3	9	8	5
2	5	8	7	6	9	4	1	3
5	6	9	8	3	2	1	7	4
1	2	7	9	5	4	6	3	8
4	8	3	6	1	7	5	2	9
3	9	4	2	7	6	8	5	1
8	7	2	5	9	1	3	4	6
6	1	5	3	4	8	2	9	7

Puzzle 87

6	2	4	3	9	1	7	8	5
8	3	9	6	7	5	2	4	1
5	1	7	4	2	8	6	3	9
9	4	5	7	3	2	1	6	8
2	8	1	5	4	6	9	7	3
7	6	3	1	8	9	4	5	2
4	5	6	9	1	3	8	2	7
3	9	2	8	6	7	5	1	4
1	7	8	2	5	4	3	9	6

Puzzle 88

3	1	7	8	5	4	9	2	6
8	2	6	1	7	9	4	5	3
4	5	9	2	6	3	8	1	7
2	9	4	7	8	5	6	3	1
1	6	8	4	3	2	5	7	9
7	3	5	6	9	1	2	4	8
9	7	3	5	4	8	1	6	2
6	4	2	9	1	7	3	8	5
5	8	1	3	2	6	7	9	4

Puzzle 89

8	4	9	5	3	6	7	2	1
1	2	3	7	4	9	8	6	5
6	5	7	1	8	2	3	4	9
5	3	1	2	7	8	6	9	4
9	7	2	6	5	4	1	3	8
4	6	8	9	1	3	2	5	7
2	9	5	8	6	1	4	7	3
3	1	6	4	9	7	5	8	2
7	8	4	3	2	5	9	1	6

Puzzle 90

1	7	3	9	4	8	2	6	5
2	8	6	1	5	3	9	4	7
4	9	5	7	2	6	8	3	1
8	5	4	3	9	2	7	1	6
6	1	7	5	8	4	3	9	2
3	2	9	6	7	1	5	8	4
7	4	8	2	1	9	6	5	3
9	3	2	4	6	5	1	7	8
5	6	1	8	3	7	4	2	9

Puzzle 91

8	9	4	1	2	6	3	7	5
3	6	7	9	5	4	2	8	1
2	5	1	8	7	3	6	9	4
5	2	6	4	8	7	9	1	3
4	1	3	6	9	2	7	5	8
9	7	8	3	1	5	4	6	2
6	8	5	2	3	9	1	4	7
1	4	2	7	6	8	5	3	9
7	3	9	5	4	1	8	2	6

Puzzle 92

8	4	2	5	7	9	6	1	3
6	1	5	3	4	8	9	7	2
7	9	3	6	1	2	8	5	4
1	8	6	4	3	7	2	9	5
4	2	7	9	8	5	3	6	1
3	5	9	2	6	1	7	4	8
2	6	1	8	9	4	5	3	7
5	3	4	7	2	6	1	8	9
9	7	8	1	5	3	4	2	6

Puzzle 93

4	5	9	3	8	6	7	2	1
7	8	3	1	4	2	6	5	9
2	6	1	7	5	9	3	8	4
5	4	8	9	3	7	2	1	6
9	7	2	6	1	5	4	3	8
1	3	6	8	2	4	9	7	5
3	1	7	4	9	8	5	6	2
6	9	5	2	7	1	8	4	3
8	2	4	5	6	3	1	9	7

Puzzle 94

3	1	8	5	6	7	4	2	9
2	4	7	1	8	9	5	6	3
6	5	9	3	2	4	7	8	1
7	9	5	6	1	8	3	4	2
8	2	4	7	5	3	1	9	6
1	3	6	9	4	2	8	5	7
4	7	3	2	9	5	6	1	8
9	8	1	4	7	6	2	3	5
5	6	2	8	3	1	9	7	4

Puzzle 95

7	3	9	2	6	4	5	1	8
6	5	1	8	7	3	4	2	9
8	2	4	5	9	1	6	3	7
3	9	2	4	5	8	7	6	1
1	4	6	3	2	7	8	9	5
5	7	8	9	1	6	3	4	2
2	8	7	6	3	9	1	5	4
9	1	3	7	4	5	2	8	6
4	6	5	1	8	2	9	7	3

Puzzle 96

2	7	9	8	6	1	4	5	3
3	5	8	9	2	4	6	1	7
1	6	4	7	3	5	9	2	8
9	3	5	2	4	7	1	8	6
4	1	6	3	9	8	2	7	5
7	8	2	5	1	6	3	4	9
5	9	1	6	7	2	8	3	4
8	4	3	1	5	9	7	6	2
6	2	7	4	8	3	5	9	1

Puzzle 97

2	6	8	9	3	4	7	1	5
1	3	5	6	7	2	9	8	4
4	7	9	5	8	1	3	6	2
9	2	1	4	5	7	6	3	8
8	4	6	3	2	9	5	7	1
7	5	3	1	6	8	2	4	9
5	9	4	7	1	6	8	2	3
3	8	7	2	4	5	1	9	6
6	1	2	8	9	3	4	5	7

Puzzle 98

8	1	9	4	3	2	6	5	7
5	6	7	8	9	1	4	2	3
2	4	3	5	7	6	8	9	1
1	5	8	7	6	9	3	4	2
9	2	4	3	8	5	7	1	6
3	7	6	1	2	4	9	8	5
6	9	1	2	4	7	5	3	8
4	3	5	6	1	8	2	7	9
7	8	2	9	5	3	1	6	4

Puzzle 99

1	7	9	4	3	2	8	5	6
2	5	6	7	1	8	3	4	9
4	3	8	9	6	5	7	1	2
7	1	3	2	9	4	6	8	5
8	2	5	3	7	6	1	9	4
6	9	4	5	8	1	2	3	7
3	6	7	8	5	9	4	2	1
5	4	1	6	2	3	9	7	8
9	8	2	1	4	7	5	6	3

Puzzle 100

1	8	2	7	6	4	5	3	9
7	5	9	3	1	8	6	2	4
3	6	4	9	5	2	1	7	8
9	1	7	8	4	6	3	5	2
5	2	3	1	9	7	4	8	6
8	4	6	2	3	5	9	1	7
6	3	8	5	2	9	7	4	1
2	9	1	4	7	3	8	6	5
4	7	5	6	8	1	2	9	3

Puzzle 101

9	5	1	4	3	2	7	8	6
6	8	3	1	7	5	4	9	2
7	4	2	8	9	6	5	3	1
5	6	9	3	2	4	8	1	7
2	1	8	9	5	7	3	6	4
4	3	7	6	1	8	2	5	9
1	9	4	7	8	3	6	2	5
8	7	5	2	6	1	9	4	3
3	2	6	5	4	9	1	7	8

Puzzle 102

4	2	9	3	6	8	5	1	7
1	5	7	2	9	4	6	8	3
6	8	3	1	7	5	9	4	2
3	7	1	9	5	6	8	2	4
9	6	8	4	2	1	3	7	5
2	4	5	7	8	3	1	9	6
7	3	4	5	1	9	2	6	8
8	1	2	6	3	7	4	5	9
5	9	6	8	4	2	7	3	1

Puzzle 103

6	8	2	3	4	7	1	9	5
7	1	5	6	2	9	8	3	4
3	4	9	5	8	1	6	7	2
5	9	1	2	7	6	3	4	8
4	7	8	9	3	5	2	1	6
2	3	6	8	1	4	9	5	7
1	5	3	7	6	2	4	8	9
9	6	4	1	5	8	7	2	3
8	2	7	4	9	3	5	6	1

Puzzle 104

9	1	3	6	4	5	8	7	2
5	7	8	2	3	9	6	4	1
4	2	6	8	1	7	3	9	5
8	5	2	7	6	1	9	3	4
1	9	4	5	8	3	7	2	6
3	6	7	9	2	4	5	1	8
7	4	1	3	5	6	2	8	9
6	8	9	4	7	2	1	5	3
2	3	5	1	9	8	4	6	7

Puzzle 105

8	9	1	7	5	2	6	3	4
3	6	5	8	1	4	7	9	2
2	7	4	3	6	9	1	5	8
7	4	9	1	2	8	3	6	5
5	8	3	4	7	6	2	1	9
1	2	6	9	3	5	8	4	7
6	5	7	2	9	1	4	8	3
9	3	8	6	4	7	5	2	1
4	1	2	5	8	3	9	7	6

Puzzle 106

3	2	9	5	7	8	4	1	6
6	8	4	1	9	3	7	2	5
5	7	1	2	4	6	9	8	3
7	3	6	8	2	1	5	4	9
2	9	5	4	3	7	8	6	1
1	4	8	6	5	9	3	7	2
8	5	2	9	1	4	6	3	7
4	1	3	7	6	5	2	9	8
9	6	7	3	8	2	1	5	4

Puzzle 107

1	6	5	4	3	9	7	8	2
8	9	3	2	1	7	5	4	6
4	2	7	6	8	5	9	1	3
3	4	8	1	5	2	6	9	7
2	7	6	9	4	8	3	5	1
5	1	9	7	6	3	8	2	4
9	8	4	3	2	6	1	7	5
7	3	1	5	9	4	2	6	8
6	5	2	8	7	1	4	3	9

Puzzle 108

6	5	4	9	2	8	1	7	3
1	2	3	5	7	6	4	8	9
8	7	9	3	4	1	2	6	5
2	8	1	4	9	7	3	5	6
9	4	5	2	6	3	7	1	8
3	6	7	1	8	5	9	4	2
7	9	8	6	3	4	5	2	1
4	1	2	8	5	9	6	3	7
5	3	6	7	1	2	8	9	4

Puzzle 109

7	3	2	4	5	8	6	1	9
9	1	6	2	7	3	8	4	5
5	4	8	6	1	9	2	3	7
8	7	3	1	6	5	4	9	2
4	2	9	3	8	7	5	6	1
1	6	5	9	4	2	7	8	3
6	9	1	7	2	4	3	5	8
3	5	7	8	9	6	1	2	4
2	8	4	5	3	1	9	7	6

Puzzle 110

7	8	3	4	6	5	2	9	1
4	1	2	8	9	7	3	6	5
6	9	5	1	3	2	8	7	4
1	5	8	2	7	9	6	4	3
3	2	4	5	8	6	7	1	9
9	6	7	3	4	1	5	8	2
2	7	1	6	5	4	9	3	8
5	3	6	9	1	8	4	2	7
8	4	9	7	2	3	1	5	6

Puzzle 111

5	6	1	8	4	2	7	3	9
8	7	3	1	5	9	4	2	6
2	4	9	7	3	6	1	5	8
1	2	6	4	9	7	3	8	5
9	8	7	5	1	3	2	6	4
3	5	4	2	6	8	9	7	1
6	9	5	3	7	1	8	4	2
4	3	8	9	2	5	6	1	7
7	1	2	6	8	4	5	9	3

Puzzle 112

Puzzle 113

3	4	8	2	1	5	9	6	7
1	5	2	6	9	7	4	8	3
6	9	7	3	4	8	1	5	2
5	6	4	7	8	1	3	2	9
2	8	9	4	6	3	5	7	1
7	3	1	5	2	9	8	4	6
9	1	5	8	7	6	2	3	4
4	7	3	9	5	2	6	1	8
8	2	6	1	3	4	7	9	5

Puzzle 114

2	7	1	8	6	4	3	9	5
3	8	9	5	2	1	6	4	7
5	6	4	7	9	3	1	2	8
9	4	2	3	8	7	5	1	6
8	1	3	6	4	5	9	7	2
6	5	7	2	1	9	8	3	4
4	3	6	1	5	2	7	8	9
1	9	5	4	7	8	2	6	3
7	2	8	9	3	6	4	5	1

Puzzle 115

7	4	3	9	2	6	8	5	1
5	2	8	1	3	4	6	9	7
1	9	6	5	7	8	3	4	2
2	3	5	7	4	1	9	6	8
4	6	9	8	5	2	7	1	3
8	7	1	6	9	3	4	2	5
6	8	4	3	1	5	2	7	9
3	5	7	2	6	9	1	8	4
9	1	2	4	8	7	5	3	6

Puzzle 116

6	9	1	4	5	3	7	2	8
5	2	7	1	9	8	3	4	6
3	4	8	6	2	7	9	1	5
7	6	2	8	4	5	1	9	3
9	1	4	3	6	2	8	5	7
8	5	3	9	7	1	2	6	4
1	7	9	5	3	6	4	8	2
2	8	5	7	1	4	6	3	9
4	3	6	2	8	9	5	7	1

9	8	3	1	5	6	7	2	4
7	2	4	3	9	8	6	1	5
1	6	5	7	2	4	9	3	8
4	3	9	2	1	7	8	5	6
5	1	8	6	4	9	2	7	3
2	7	6	5	8	3	4	9	1
3	5	7	4	6	2	1	8	9
8	4	1	9	7	5	3	6	2
6	9	2	8	3	1	5	4	7

Puzzle 117

7	5	9	4	1	8	3	2	6
6	8	3	5	7	2	4	9	1
4	1	2	3	9	6	8	5	7
9	2	8	6	5	1	7	3	4
1	4	5	8	3	7	9	6	2
3	7	6	2	4	9	5	1	8
2	9	1	7	8	3	6	4	5
5	6	7	9	2	4	1	8	3
8	3	4	1	6	5	2	7	9

Puzzle 118

7	5	9	1	6	8	4	3	2
8	4	3	7	2	9	1	5	6
1	2	6	4	3	5	9	7	8
4	8	1	6	5	2	7	9	3
2	9	7	3	8	1	5	6	4
6	3	5	9	4	7	2	8	1
5	1	8	2	9	3	6	4	7
9	6	2	8	7	4	3	1	5
3	7	4	5	1	6	8	2	9

Puzzle 119

6	8	5	4	7	1	2	9	3
2	7	9	8	6	3	5	4	1
4	3	1	5	9	2	6	8	7
3	4	6	7	8	9	1	5	2
5	2	8	3	1	6	9	7	4
9	1	7	2	4	5	3	6	8
1	5	4	6	3	7	8	2	9
8	6	3	9	2	4	7	1	5
7	9	2	1	5	8	4	3	6

Puzzle 120

6	3	2	5	9	7	1	8	4
8	4	7	3	2	1	9	5	6
9	5	1	8	4	6	2	7	3
7	9	8	4	3	2	6	1	5
2	6	3	7	1	5	8	4	9
4	1	5	6	8	9	7	3	2
1	7	6	2	5	3	4	9	8
5	2	4	9	7	8	3	6	1
3	8	9	1	6	4	5	2	7

Puzzle 121

1	5	2	7	9	4	6	8	3
8	7	4	5	6	3	9	1	2
3	6	9	8	1	2	5	4	7
9	2	8	3	7	1	4	5	6
6	1	5	4	2	9	3	7	8
4	3	7	6	8	5	2	9	1
2	8	1	9	5	6	7	3	4
5	4	6	1	3	7	8	2	9
7	9	3	2	4	8	1	6	5

Puzzle 122

1	5	3	8	9	6	4	7	2
7	4	2	1	3	5	9	8	6
9	6	8	4	7	2	1	3	5
5	2	4	9	1	8	7	6	3
6	7	1	2	4	3	5	9	8
8	3	9	6	5	7	2	1	4
2	8	7	5	6	9	3	4	1
4	9	5	3	8	1	6	2	7
3	1	6	7	2	4	8	5	9

Puzzle 123

1	6	8	2	9	7	4	5	3
3	4	2	1	5	6	7	9	8
5	7	9	8	4	3	1	2	6
6	9	4	7	1	8	5	3	2
7	2	3	5	6	4	8	1	9
8	5	1	3	2	9	6	4	7
4	1	7	6	3	2	9	8	5
2	8	5	9	7	1	3	6	4
9	3	6	4	8	5	2	7	1

Puzzle 124

7	9	4	2	3	6	1	5	8
3	1	8	4	9	5	7	6	2
5	6	2	7	8	1	9	3	4
2	4	5	8	1	7	3	9	6
9	7	6	3	5	2	4	8	1
8	3	1	6	4	9	5	2	7
1	2	3	5	7	8	6	4	9
4	8	7	9	6	3	2	1	5
6	5	9	1	2	4	8	7	3

Puzzle 125

8	2	6	9	4	1	7	3	5
7	1	3	5	6	2	9	4	8
5	9	4	3	8	7	1	6	2
6	5	9	4	2	8	3	7	1
3	8	1	7	9	6	5	2	4
2	4	7	1	3	5	8	9	6
1	6	5	2	7	9	4	8	3
9	3	8	6	1	4	2	5	7
4	7	2	8	5	3	6	1	9

Puzzle 126

1	3	9	4	7	5	2	6	8
2	6	5	9	1	8	3	4	7
7	4	8	6	3	2	5	1	9
5	9	3	7	2	1	4	8	6
6	1	4	8	9	3	7	2	5
8	2	7	5	4	6	9	3	1
3	5	2	1	6	9	8	7	4
4	8	1	3	5	7	6	9	2
9	7	6	2	8	4	1	5	3

Puzzle 127

8	9	6	2	5	3	4	7	1
4	1	2	7	8	9	5	3	6
3	5	7	4	1	6	8	2	9
7	6	4	9	2	5	3	1	8
2	3	5	1	4	8	6	9	7
9	8	1	3	6	7	2	4	5
5	7	9	6	3	2	1	8	4
1	2	8	5	7	4	9	6	3
6	4	3	8	9	1	7	5	2

Puzzle 128

9	3	6	1	4	7	2	8	5
2	4	7	5	3	8	6	1	9
1	8	5	9	6	2	4	3	7
5	7	2	4	1	9	8	6	3
6	1	4	8	7	3	9	5	2
3	9	8	6	2	5	7	4	1
4	6	3	2	9	1	5	7	8
7	5	9	3	8	6	1	2	4
8	2	1	7	5	4	3	9	6

Puzzle 129

5	1	4	3	6	7	2	9	8
2	9	6	4	1	8	5	7	3
3	8	7	5	9	2	4	6	1
1	7	2	8	5	9	3	4	6
9	4	3	1	2	6	7	8	5
8	6	5	7	3	4	1	2	9
4	5	8	9	7	3	6	1	2
6	3	9	2	4	1	8	5	7
7	2	1	6	8	5	9	3	4

Puzzle 130

6	8	2	9	1	4	7	5	3
7	4	3	6	2	5	8	9	1
9	5	1	8	7	3	6	4	2
8	3	7	4	9	2	5	1	6
1	6	9	5	8	7	3	2	4
4	2	5	1	3	6	9	7	8
5	9	6	3	4	1	2	8	7
3	7	4	2	5	8	1	6	9
2	1	8	7	6	9	4	3	5

Puzzle 131

7	5	2	8	1	9	3	6	4
6	3	8	2	4	5	1	9	7
4	9	1	3	7	6	8	5	2
5	6	9	4	3	2	7	8	1
2	1	7	6	9	8	5	4	3
3	8	4	1	5	7	9	2	6
1	4	6	9	8	3	2	7	5
8	2	5	7	6	1	4	3	9
9	7	3	5	2	4	6	1	8

Puzzle 132

9	1	7	2	3	8	6	4	5
4	8	6	5	9	1	3	7	2
5	3	2	6	7	4	8	1	9
1	5	8	9	4	3	2	6	7
3	7	9	1	6	2	4	5	8
2	6	4	8	5	7	1	9	3
8	9	1	4	2	5	7	3	6
7	2	5	3	1	6	9	8	4
6	4	3	7	8	9	5	2	1

Puzzle 133

1	3	2	9	7	6	5	8	4
8	5	9	3	4	1	2	7	6
7	6	4	8	2	5	1	9	3
3	4	8	5	9	2	7	6	1
9	2	7	1	6	4	3	5	8
6	1	5	7	3	8	4	2	9
5	7	1	4	8	9	6	3	2
4	9	6	2	5	3	8	1	7
2	8	3	6	1	7	9	4	5

Puzzle 134

9	8	2	4	3	7	5	1	6
5	6	1	8	9	2	7	3	4
3	7	4	5	6	1	8	9	2
2	9	3	6	1	8	4	7	5
1	5	8	7	4	3	6	2	9
6	4	7	2	5	9	3	8	1
7	3	5	1	2	4	9	6	8
4	2	9	3	8	6	1	5	7
8	1	6	9	7	5	2	4	3

Puzzle 135

9	1	2	5	8	4	3	7	6
8	5	3	6	7	9	2	1	4
7	4	6	1	3	2	8	5	9
2	9	7	4	6	1	5	3	8
3	8	5	9	2	7	6	4	1
1	6	4	3	5	8	9	2	7
5	3	9	7	1	6	4	8	2
4	7	8	2	9	5	1	6	3
6	2	1	8	4	3	7	9	5

Puzzle 136

Puzzle 137

6	8	3	9	5	2	4	7	1
7	9	2	6	1	4	5	3	8
5	4	1	3	7	8	2	9	6
9	2	5	4	3	1	8	6	7
8	7	6	5	2	9	1	4	3
3	1	4	7	8	6	9	5	2
2	3	7	8	4	5	6	1	9
1	5	9	2	6	7	3	8	4
4	6	8	1	9	3	7	2	5

Puzzle 138

2	6	7	5	1	3	4	8	9
4	1	9	7	8	2	5	3	6
3	8	5	9	4	6	1	7	2
7	9	2	3	5	8	6	1	4
8	5	1	4	6	9	3	2	7
6	3	4	2	7	1	8	9	5
5	2	6	1	3	7	9	4	8
9	4	3	8	2	5	7	6	1
1	7	8	6	9	4	2	5	3

Puzzle 139

8	7	3	5	6	1	9	4	2
4	2	6	7	9	3	8	1	5
5	9	1	4	2	8	7	6	3
6	1	5	9	3	2	4	7	8
3	4	7	6	8	5	2	9	1
9	8	2	1	7	4	5	3	6
2	6	9	8	1	7	3	5	4
7	5	8	3	4	6	1	2	9
1	3	4	2	5	9	6	8	7

Puzzle 140

5	4	6	2	3	7	9	1	8
9	3	8	1	6	5	4	7	2
7	1	2	8	9	4	5	3	6
6	8	5	3	7	1	2	4	9
4	2	7	9	5	6	1	8	3
1	9	3	4	2	8	7	6	5
8	6	4	5	1	2	3	9	7
2	7	9	6	4	3	8	5	1
3	5	1	7	8	9	6	2	4

8	5	6	3	4	1	9	2	7
1	3	7	9	2	8	4	6	5
2	9	4	7	5	6	8	1	3
7	4	8	1	3	9	2	5	6
9	6	5	8	7	2	3	4	1
3	2	1	5	6	4	7	8	9
5	8	3	2	1	7	6	9	4
6	1	9	4	8	3	5	7	2
4	7	2	6	9	5	1	3	8

Puzzle 141

6	2	3	8	4	7	5	1	9
1	5	7	9	3	6	2	8	4
8	4	9	1	2	5	7	6	3
5	8	1	2	6	4	3	9	7
9	6	2	3	7	1	8	4	5
7	3	4	5	8	9	6	2	1
2	1	5	7	9	8	4	3	6
3	9	6	4	5	2	1	7	8
4	7	8	6	1	3	9	5	2

Puzzle 142

3	7	9	5	8	4	2	6	1
1	4	6	9	2	7	8	3	5
8	5	2	3	6	1	7	9	4
2	8	5	7	1	9	6	4	3
6	1	4	2	3	5	9	8	7
7	9	3	8	4	6	1	5	2
9	2	8	1	5	3	4	7	6
5	6	1	4	7	8	3	2	9
4	3	7	6	9	2	5	1	8

Puzzle 143

7	8	9	2	6	3	4	5	1
4	6	5	7	8	1	3	2	9
1	3	2	4	5	9	8	7	6
5	9	8	6	2	7	1	4	3
3	4	1	5	9	8	7	6	2
2	7	6	1	3	4	5	9	8
8	5	3	9	4	6	2	1	7
6	1	4	8	7	2	9	3	5
9	2	7	3	1	5	6	8	4

Puzzle 144

4	1	6	9	8	2	7	3	5
8	3	5	1	4	7	9	6	2
2	7	9	5	3	6	1	8	4
9	5	8	3	1	4	6	2	7
3	6	7	2	5	8	4	9	1
1	2	4	7	6	9	3	5	8
6	4	3	8	2	1	5	7	9
7	8	1	6	9	5	2	4	3
5	9	2	4	7	3	8	1	6

Puzzle 145

5	4	6	7	1	8	9	2	3
9	7	3	4	2	6	5	8	1
1	8	2	3	5	9	6	4	7
3	5	9	6	7	2	4	1	8
8	1	4	9	3	5	7	6	2
6	2	7	1	8	4	3	5	9
4	6	1	8	9	3	2	7	5
2	3	8	5	4	7	1	9	6
7	9	5	2	6	1	8	3	4

Puzzle 146

9	3	1	7	5	6	4	8	2
6	8	4	1	3	2	9	5	7
5	2	7	9	8	4	1	3	6
2	6	9	5	1	7	8	4	3
1	4	8	2	6	3	7	9	5
7	5	3	4	9	8	6	2	1
3	9	2	8	7	1	5	6	4
4	7	5	6	2	9	3	1	8
8	1	6	3	4	5	2	7	9

Puzzle 147

8	1	5	7	2	3	9	4	6
3	4	9	5	1	6	8	2	7
6	2	7	8	9	4	3	5	1
1	3	4	6	8	5	7	9	2
5	7	2	1	3	9	6	8	4
9	6	8	2	4	7	5	1	3
4	8	6	9	7	1	2	3	5
2	5	3	4	6	8	1	7	9
7	9	1	3	5	2	4	6	8

Puzzle 148

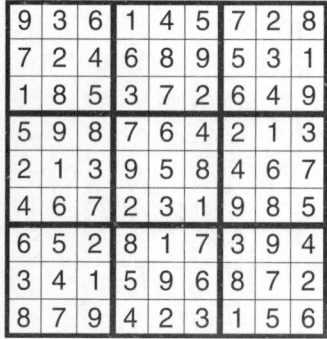

Puzzle 149

5	4	2	1	8	9	3	6	7
7	6	9	3	4	5	2	8	1
3	1	8	2	7	6	9	4	5
1	3	5	8	6	4	7	2	9
8	2	7	9	1	3	4	5	6
4	9	6	5	2	7	8	1	3
6	7	3	4	5	2	1	9	8
9	8	4	6	3	1	5	7	2
2	5	1	7	9	8	6	3	4

Puzzle 150

4	6	2	8	5	3	1	7	9
1	7	8	9	6	2	3	4	5
3	5	9	7	4	1	8	2	6
5	3	7	1	2	4	9	6	8
9	8	6	3	7	5	2	1	4
2	4	1	6	8	9	7	5	3
7	9	4	5	1	8	6	3	2
6	2	3	4	9	7	5	8	1
8	1	5	2	3	6	4	9	7

Puzzle 151

9	3	6	1	4	5	7	2	8
7	2	4	6	8	9	5	3	1
1	8	5	3	7	2	6	4	9
5	9	8	7	6	4	2	1	3
2	1	3	9	5	8	4	6	7
4	6	7	2	3	1	9	8	5
6	5	2	8	1	7	3	9	4
3	4	1	5	9	6	8	7	2
8	7	9	4	2	3	1	5	6

Puzzle 152

1	7	6	4	3	8	2	5	9
2	4	5	1	9	7	3	6	8
9	8	3	6	2	5	7	4	1
6	2	8	5	7	3	9	1	4
3	1	4	9	8	6	5	7	2
5	9	7	2	1	4	8	3	6
7	6	9	3	4	2	1	8	5
4	3	2	8	5	1	6	9	7
8	5	1	7	6	9	4	2	3

6	5	7	2	9	1	3	4	8
3	9	8	6	4	5	7	2	1
1	2	4	7	8	3	9	5	6
8	4	3	5	2	7	6	1	9
2	1	9	3	6	8	5	7	4
7	6	5	9	1	4	8	3	2
5	8	1	4	7	6	2	9	3
9	7	6	1	3	2	4	8	5
4	3	2	8	5	9	1	6	7

Puzzle 153

3	7	2	4	1	9	5	8	6
1	8	9	6	7	5	2	3	4
4	5	6	8	2	3	1	7	9
8	1	7	5	4	6	3	9	2
2	9	3	1	8	7	6	4	5
6	4	5	9	3	2	8	1	7
7	3	8	2	5	4	9	6	1
5	6	1	7	9	8	4	2	3
9	2	4	3	6	1	7	5	8

Puzzle 154

4	9	2	5	7	8	1	6	3
1	7	6	4	2	3	8	5	9
3	5	8	6	9	1	2	4	7
5	3	1	2	8	7	6	9	4
6	4	9	1	3	5	7	8	2
8	2	7	9	4	6	3	1	5
9	8	3	7	1	4	5	2	6
7	6	4	8	5	2	9	3	1
2	1	5	3	6	9	4	7	8

Puzzle 155

1	4	6	5	8	9	3	7	2
3	8	2	1	4	7	6	9	5
5	7	9	6	2	3	4	8	1
4	2	1	8	7	6	5	3	9
9	3	5	4	1	2	8	6	7
8	6	7	9	3	5	2	1	4
6	5	4	3	9	1	7	2	8
2	1	3	7	5	8	9	4	6
7	9	8	2	6	4	1	5	3

Puzzle 156

Puzzle 157

7	3	9	8	5	1	4	6	2
6	4	5	3	2	9	1	8	7
2	1	8	4	6	7	5	9	3
1	6	2	9	3	4	7	5	8
5	8	7	6	1	2	3	4	9
3	9	4	5	7	8	2	1	6
8	7	6	2	4	5	9	3	1
9	5	1	7	8	3	6	2	4
4	2	3	1	9	6	8	7	5

Puzzle 158

4	6	8	5	2	1	3	7	9
7	3	9	6	4	8	5	1	2
1	2	5	9	7	3	8	6	4
2	1	3	4	5	6	9	8	7
6	5	7	8	9	2	4	3	1
9	8	4	3	1	7	6	2	5
8	9	1	2	3	4	7	5	6
5	7	6	1	8	9	2	4	3
3	4	2	7	6	5	1	9	8

Puzzle 159

3	1	5	2	9	7	6	4	8
8	4	2	3	1	6	9	7	5
7	6	9	8	5	4	3	1	2
9	3	1	6	8	2	7	5	4
4	5	8	7	3	1	2	9	6
2	7	6	9	4	5	8	3	1
6	8	4	5	7	3	1	2	9
1	2	7	4	6	9	5	8	3
5	9	3	1	2	8	4	6	7

Puzzle 160

1	7	2	6	3	5	9	8	4
3	4	8	2	9	1	5	7	6
9	6	5	7	8	4	2	1	3
5	3	6	8	2	7	4	9	1
2	1	9	4	6	3	7	5	8
4	8	7	1	5	9	3	6	2
7	2	1	9	4	8	6	3	5
6	9	3	5	1	2	8	4	7
8	5	4	3	7	6	1	2	9

9	7	4	2	6	3	8	1	5
5	8	2	9	7	1	4	6	3
6	1	3	5	4	8	2	9	7
1	3	9	4	8	7	5	2	6
4	2	8	6	9	5	7	3	1
7	5	6	1	3	2	9	8	4
3	9	5	7	2	6	1	4	8
8	4	1	3	5	9	6	7	2
2	6	7	8	1	4	3	5	9

Puzzle 161

5	2	3	9	1	6	4	8	7
1	4	7	2	3	8	5	6	9
8	6	9	4	7	5	1	3	2
6	8	1	7	5	2	9	4	3
9	5	4	1	8	3	7	2	6
3	7	2	6	9	4	8	1	5
4	3	5	8	2	9	6	7	1
2	1	6	5	4	7	3	9	8
7	9	8	3	6	1	2	5	4

Puzzle 162

6	4	5	8	2	3	7	9	1
2	8	9	1	7	5	4	3	6
3	1	7	9	4	6	2	5	8
7	9	1	3	8	2	5	6	4
4	6	2	7	5	9	1	8	3
5	3	8	4	6	1	9	7	2
8	2	3	5	9	4	6	1	7
1	5	6	2	3	7	8	4	9
9	7	4	6	1	8	3	2	5

Puzzle 163

4	5	9	2	1	6	3	8	7
1	8	3	4	7	9	5	6	2
6	2	7	5	8	3	1	4	9
2	1	4	7	6	5	9	3	8
3	9	5	8	2	1	4	7	6
8	7	6	9	3	4	2	5	1
7	3	2	1	5	8	6	9	4
9	6	1	3	4	7	8	2	5
5	4	8	6	9	2	7	1	3

Puzzle 164

5	7	4	1	8	2	9	3	6
6	2	1	4	9	3	5	8	7
8	9	3	6	5	7	1	4	2
1	5	7	8	3	4	2	6	9
9	8	2	7	6	1	3	5	4
4	3	6	9	2	5	7	1	8
2	6	8	3	1	9	4	7	5
7	1	5	2	4	6	8	9	3
3	4	9	5	7	8	6	2	1

Puzzle 165

4	9	3	1	7	6	2	5	8
8	6	5	3	2	4	9	7	1
7	1	2	8	5	9	4	3	6
3	2	8	5	6	1	7	4	9
9	5	7	4	8	3	6	1	2
1	4	6	7	9	2	3	8	5
2	7	4	9	1	5	8	6	3
5	3	9	6	4	8	1	2	7
6	8	1	2	3	7	5	9	4

Puzzle 166

6	8	1	7	3	5	2	9	4
2	7	9	1	8	4	6	5	3
5	3	4	2	6	9	1	7	8
4	1	3	9	7	2	8	6	5
8	9	6	3	5	1	4	2	7
7	5	2	6	4	8	3	1	9
9	6	8	4	1	7	5	3	2
1	4	7	5	2	3	9	8	6
3	2	5	8	9	6	7	4	1

Puzzle 167

4	9	3	5	1	6	8	2	7
8	7	1	9	3	2	4	6	5
2	5	6	8	7	4	1	9	3
1	2	7	6	8	3	5	4	9
9	6	8	4	2	5	7	3	1
3	4	5	1	9	7	6	8	2
5	3	4	7	6	9	2	1	8
7	1	2	3	4	8	9	5	6
6	8	9	2	5	1	3	7	4

Puzzle 168

9	1	5	8	6	7	4	2	3
4	2	3	9	1	5	8	7	6
7	8	6	2	3	4	1	5	9
6	9	8	7	5	1	3	4	2
5	3	2	4	9	8	6	1	7
1	7	4	6	2	3	9	8	5
3	5	7	1	4	6	2	9	8
8	4	9	3	7	2	5	6	1
2	6	1	5	8	9	7	3	4

Puzzle 169

1	3	5	2	7	4	9	6	8
8	7	9	1	6	3	5	4	2
2	4	6	8	5	9	3	7	1
9	1	2	3	4	5	6	8	7
7	6	3	9	2	8	4	1	5
4	5	8	7	1	6	2	9	3
5	8	4	6	3	7	1	2	9
3	9	1	4	8	2	7	5	6
6	2	7	5	9	1	8	3	4

Puzzle 170

9	5	2	4	7	1	3	6	8
8	7	6	3	5	2	1	4	9
1	3	4	8	6	9	5	2	7
5	2	3	1	8	4	7	9	6
6	4	9	2	3	7	8	5	1
7	1	8	6	9	5	2	3	4
3	8	5	9	1	6	4	7	2
4	6	7	5	2	8	9	1	3
2	9	1	7	4	3	6	8	5

Puzzle 171

6	9	4	5	7	3	8	2	1
7	3	1	8	4	2	6	9	5
2	8	5	9	1	6	3	7	4
3	5	8	6	9	7	4	1	2
9	7	2	4	8	1	5	6	3
4	1	6	3	2	5	9	8	7
1	4	9	2	5	8	7	3	6
5	6	7	1	3	9	2	4	8
8	2	3	7	6	4	1	5	9

Puzzle 172

6	8	7	3	4	1	9	5	2
9	2	4	6	7	5	3	8	1
5	1	3	9	8	2	4	7	6
4	6	9	2	3	7	5	1	8
8	5	1	4	9	6	2	3	7
3	7	2	5	1	8	6	9	4
2	4	8	1	5	3	7	6	9
7	3	6	8	2	9	1	4	5
1	9	5	7	6	4	8	2	3

Puzzle 173

4	5	9	8	6	3	7	1	2
7	8	3	1	2	5	9	6	4
6	1	2	9	4	7	5	8	3
9	2	5	6	3	1	8	4	7
8	4	1	2	7	9	6	3	5
3	7	6	4	5	8	2	9	1
1	9	4	5	8	2	3	7	6
5	6	7	3	9	4	1	2	8
2	3	8	7	1	6	4	5	9

Puzzle 174

Puzzle 175

6	8	5	7	2	1	4	3	9
2	1	9	5	3	4	7	8	6
4	7	3	9	8	6	2	5	1
5	9	1	8	6	7	3	4	2
3	2	7	4	5	9	1	6	8
8	6	4	2	1	3	9	7	5
9	5	8	3	4	2	6	1	7
1	3	2	6	7	8	5	9	4
7	4	6	1	9	5	8	2	3

Puzzle 176

2	1	7	4	3	6	9	8	5
3	8	5	7	2	9	1	4	6
6	9	4	5	1	8	7	2	3
4	6	2	9	7	3	5	1	8
1	7	3	6	8	5	2	9	4
8	5	9	2	4	1	3	6	7
7	2	1	3	6	4	8	5	9
9	4	8	1	5	7	6	3	2
5	3	6	8	9	2	4	7	1

Puzzle 177

4	5	1	3	8	9	2	7	6
9	3	8	7	2	6	5	4	1
7	2	6	5	4	1	3	9	8
3	6	2	1	5	4	7	8	9
1	8	7	2	9	3	6	5	4
5	4	9	6	7	8	1	2	3
2	9	3	8	6	5	4	1	7
6	7	4	9	1	2	8	3	5
8	1	5	4	3	7	9	6	2

Puzzle 178

5	7	3	4	9	1	6	8	2
8	2	9	5	6	3	1	7	4
1	6	4	2	7	8	5	3	9
9	4	1	3	5	7	2	6	8
3	8	2	6	1	9	7	4	5
6	5	7	8	4	2	9	1	3
2	9	6	7	8	4	3	5	1
4	3	5	1	2	6	8	9	7
7	1	8	9	3	5	4	2	6

5	7	2	3	1	8	4	6	9
8	1	4	6	7	9	3	2	5
6	3	9	2	5	4	8	7	1
4	6	1	9	2	7	5	8	3
2	5	7	8	4	3	1	9	6
9	8	3	1	6	5	2	4	7
1	4	6	7	3	2	9	5	8
7	2	8	5	9	1	6	3	4
3	9	5	4	8	6	7	1	2

Puzzle 179

1	2	9	4	7	5	3	8	6
7	4	3	2	8	6	1	5	9
6	5	8	9	3	1	4	7	2
3	6	5	1	9	2	7	4	8
4	8	2	6	5	7	9	3	1
9	1	7	3	4	8	6	2	5
8	9	1	7	2	3	5	6	4
2	7	6	5	1	4	8	9	3
5	3	4	8	6	9	2	1	7

Puzzle 180

8	7	2	1	3	5	6	4	9
3	4	5	2	6	9	7	1	8
9	1	6	7	8	4	5	3	2
5	2	1	6	7	3	8	9	4
7	6	9	8	4	2	1	5	3
4	8	3	9	5	1	2	7	6
6	5	8	4	9	7	3	2	1
2	9	7	3	1	6	4	8	5
1	3	4	5	2	8	9	6	7

Puzzle 181

7	6	9	1	2	5	8	3	4
1	8	3	4	9	6	7	5	2
4	5	2	8	7	3	9	6	1
5	7	6	2	1	8	4	9	3
3	4	1	7	5	9	6	2	8
2	9	8	3	6	4	5	1	7
9	2	7	6	8	1	3	4	5
8	3	5	9	4	2	1	7	6
6	1	4	5	3	7	2	8	9

Puzzle 182

6	2	5	1	4	9	8	3	7
7	1	3	2	6	8	5	4	9
8	4	9	3	5	7	6	1	2
1	5	6	8	3	2	9	7	4
4	3	2	9	7	5	1	8	6
9	8	7	6	1	4	3	2	5
2	7	8	5	9	1	4	6	3
3	9	4	7	8	6	2	5	1
5	6	1	4	2	3	7	9	8

Puzzle 183

5	1	3	7	9	2	6	8	4
9	2	4	1	8	6	5	7	3
8	6	7	5	4	3	2	9	1
7	4	1	8	6	9	3	5	2
3	5	2	4	7	1	8	6	9
6	9	8	2	3	5	4	1	7
2	8	5	3	1	7	9	4	6
1	3	6	9	5	4	7	2	8
4	7	9	6	2	8	1	3	5

Puzzle 184

7	1	2	4	6	5	3	9	8
5	9	8	3	2	1	7	4	6
6	4	3	8	7	9	1	5	2
2	5	1	9	4	6	8	3	7
3	8	9	5	1	7	2	6	4
4	6	7	2	8	3	9	1	5
9	7	4	1	5	8	6	2	3
1	2	6	7	3	4	5	8	9
8	3	5	6	9	2	4	7	1

Puzzle 185

3	2	1	9	7	8	4	6	5
7	4	8	1	6	5	9	2	3
5	6	9	3	4	2	8	1	7
8	7	2	4	9	1	3	5	6
9	1	3	5	2	6	7	4	8
6	5	4	7	8	3	2	9	1
4	3	7	6	1	9	5	8	2
2	9	6	8	5	7	1	3	4
1	8	5	2	3	4	6	7	9

Puzzle 186

3	2	6	9	7	4	8	5	1
5	1	8	6	3	2	4	7	9
9	7	4	8	5	1	2	3	6
1	4	3	7	6	8	9	2	5
8	9	2	3	4	5	6	1	7
6	5	7	1	2	9	3	8	4
7	6	5	4	8	3	1	9	2
4	3	1	2	9	7	5	6	8
2	8	9	5	1	6	7	4	3

Puzzle 187

1	8	6	4	9	3	5	2	7
2	7	3	8	6	5	1	4	9
5	9	4	7	1	2	6	3	8
6	3	5	1	7	8	2	9	4
9	2	8	5	3	4	7	1	6
7	4	1	9	2	6	8	5	3
3	5	9	6	8	1	4	7	2
4	6	7	2	5	9	3	8	1
8	1	2	3	4	7	9	6	5

Puzzle 188

6	7	1	2	3	4	5	9	8
2	9	5	7	8	6	4	1	3
4	3	8	1	5	9	7	2	6
7	1	3	5	4	8	9	6	2
9	4	2	6	7	3	1	8	5
5	8	6	9	1	2	3	7	4
1	6	7	4	2	5	8	3	9
8	2	4	3	9	1	6	5	7
3	5	9	8	6	7	2	4	1

Puzzle 189

4	5	6	7	3	2	8	9	1
1	2	8	6	9	5	4	3	7
7	3	9	8	4	1	5	6	2
3	8	4	2	7	6	1	5	9
9	1	2	3	5	8	7	4	6
6	7	5	4	1	9	2	8	3
5	6	3	1	8	7	9	2	4
8	4	7	9	2	3	6	1	5
2	9	1	5	6	4	3	7	8

Puzzle 190

1	8	4	7	6	3	2	9	5
7	9	2	4	5	1	6	8	3
3	5	6	8	2	9	4	1	7
9	6	3	5	7	2	8	4	1
4	1	5	3	9	8	7	2	6
8	2	7	6	1	4	3	5	9
6	4	8	1	3	5	9	7	2
2	3	1	9	8	7	5	6	4
5	7	9	2	4	6	1	3	8

Puzzle 191

8	2	1	5	7	4	3	9	6
4	6	7	3	9	1	5	2	8
5	9	3	6	8	2	4	1	7
7	8	6	9	3	5	2	4	1
3	5	4	2	1	8	6	7	9
2	1	9	4	6	7	8	3	5
6	3	2	7	5	9	1	8	4
1	7	5	8	4	3	9	6	2
9	4	8	1	2	6	7	5	3

Puzzle 192

2	7	8	9	5	1	4	6	3
4	3	5	2	8	6	9	7	1
6	9	1	4	7	3	5	8	2
7	8	6	3	9	2	1	5	4
3	2	4	1	6	5	7	9	8
1	5	9	7	4	8	3	2	6
5	4	2	6	3	9	8	1	7
9	6	7	8	1	4	2	3	5
8	1	3	5	2	7	6	4	9

Puzzle 193

1	3	8	2	5	7	6	9	4
9	7	4	1	6	3	5	8	2
5	2	6	9	8	4	1	7	3
3	5	7	4	1	8	2	6	9
6	8	1	3	2	9	7	4	5
4	9	2	5	7	6	3	1	8
8	6	3	7	4	5	9	2	1
2	4	9	6	3	1	8	5	7
7	1	5	8	9	2	4	3	6

Puzzle 194

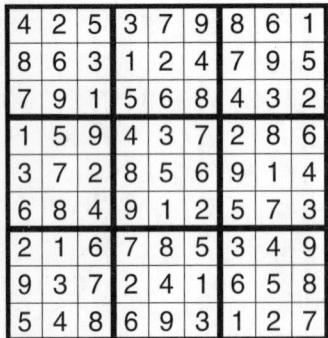

9	6	5	2	1	3	8	7	4
1	4	3	5	7	8	9	2	6
2	7	8	6	9	4	1	3	5
6	2	7	8	4	1	5	9	3
8	3	4	7	5	9	6	1	2
5	9	1	3	6	2	7	4	8
7	1	6	4	2	5	3	8	9
4	8	9	1	3	6	2	5	7
3	5	2	9	8	7	4	6	1

Puzzle 195

2	7	8	9	5	4	6	1	3
5	4	6	8	3	1	7	9	2
1	3	9	6	7	2	8	4	5
6	2	5	1	9	8	3	7	4
4	8	1	3	6	7	2	5	9
3	9	7	2	4	5	1	8	6
9	1	2	5	8	3	4	6	7
8	6	4	7	2	9	5	3	1
7	5	3	4	1	6	9	2	8

Puzzle 196

4	2	5	3	7	9	8	6	1
8	6	3	1	2	4	7	9	5
7	9	1	5	6	8	4	3	2
1	5	9	4	3	7	2	8	6
3	7	2	8	5	6	9	1	4
6	8	4	9	1	2	5	7	3
2	1	6	7	8	5	3	4	9
9	3	7	2	4	1	6	5	8
5	4	8	6	9	3	1	2	7

Puzzle 197

2	5	8	4	6	7	1	3	9
9	7	1	2	5	3	6	8	4
3	6	4	9	1	8	7	2	5
5	2	6	7	9	1	3	4	8
4	8	7	5	3	6	9	1	2
1	9	3	8	2	4	5	6	7
7	3	2	1	8	9	4	5	6
6	4	5	3	7	2	8	9	1
8	1	9	6	4	5	2	7	3

Puzzle 198

1	4	7	6	2	8	9	5	3
6	9	3	5	7	1	4	8	2
5	2	8	4	3	9	6	1	7
3	6	5	7	8	2	1	4	9
7	1	4	9	5	3	8	2	6
2	8	9	1	4	6	7	3	5
8	3	6	2	1	7	5	9	4
4	7	2	8	9	5	3	6	1
9	5	1	3	6	4	2	7	8

Puzzle 199

3	7	6	1	2	4	9	5	8
2	5	4	8	6	9	7	3	1
1	8	9	7	3	5	4	2	6
4	6	1	5	9	3	8	7	2
7	9	5	2	1	8	6	4	3
8	3	2	4	7	6	1	9	5
5	1	7	6	4	2	3	8	9
9	4	8	3	5	1	2	6	7
6	2	3	9	8	7	5	1	4

Puzzle 200

3	5	9	1	8	7	2	4	6
7	6	4	2	9	3	8	5	1
1	2	8	6	4	5	7	3	9
8	4	1	9	3	6	5	7	2
5	7	6	8	2	1	4	9	3
9	3	2	7	5	4	6	1	8
6	9	5	3	7	2	1	8	4
4	1	3	5	6	8	9	2	7
2	8	7	4	1	9	3	6	5

Puzzle 201

3	6	1	9	4	8	5	7	2
7	2	8	5	1	3	9	6	4
5	4	9	6	2	7	8	3	1
1	8	5	4	9	6	3	2	7
4	7	3	1	8	2	6	9	5
6	9	2	7	3	5	1	4	8
8	3	4	2	5	9	7	1	6
9	1	6	8	7	4	2	5	3
2	5	7	3	6	1	4	8	9

Puzzle 202

3	2	6	9	7	5	4	8	1
9	1	4	6	2	8	5	3	7
7	5	8	1	3	4	2	9	6
1	6	5	8	9	2	7	4	3
8	3	2	4	1	7	6	5	9
4	9	7	5	6	3	1	2	8
6	4	1	3	5	9	8	7	2
2	8	3	7	4	6	9	1	5
5	7	9	2	8	1	3	6	4

Puzzle 203

5	1	4	3	2	6	9	8	7
2	9	7	8	4	1	3	6	5
6	8	3	5	7	9	2	4	1
3	4	9	7	8	2	1	5	6
7	5	1	6	3	4	8	2	9
8	6	2	9	1	5	7	3	4
4	3	6	1	9	8	5	7	2
1	7	5	2	6	3	4	9	8
9	2	8	4	5	7	6	1	3

Puzzle 204

7	5	4	8	3	6	2	1	9
1	9	2	5	4	7	8	6	3
8	3	6	1	2	9	5	4	7
3	2	5	9	8	4	1	7	6
9	6	7	2	5	1	3	8	4
4	8	1	6	7	3	9	2	5
6	4	9	3	1	8	7	5	2
2	7	8	4	9	5	6	3	1
5	1	3	7	6	2	4	9	8

Puzzle 205

1	4	6	5	8	2	3	9	7
3	7	2	1	9	6	5	8	4
9	5	8	4	7	3	6	2	1
8	3	5	7	6	9	4	1	2
2	9	4	3	1	8	7	5	6
6	1	7	2	5	4	8	3	9
7	2	3	9	4	5	1	6	8
4	8	9	6	3	1	2	7	5
5	6	1	8	2	7	9	4	3

Puzzle 206

Puzzle 207

1	7	9	8	5	3	6	2	4
4	5	2	7	6	1	8	3	9
3	8	6	9	2	4	1	7	5
6	9	7	4	1	2	3	5	8
2	4	5	6	3	8	7	9	1
8	1	3	5	9	7	4	6	2
5	2	4	1	7	6	9	8	3
7	3	1	2	8	9	5	4	6
9	6	8	3	4	5	2	1	7

Puzzle 208

4	5	9	7	8	6	2	3	1
1	3	8	2	4	5	9	7	6
7	6	2	3	9	1	8	5	4
6	1	7	4	2	3	5	8	9
8	9	5	1	6	7	4	2	3
2	4	3	8	5	9	1	6	7
5	2	1	6	7	4	3	9	8
9	7	4	5	3	8	6	1	2
3	8	6	9	1	2	7	4	5

Puzzle 209

3	8	2	4	1	6	7	5	9
9	4	7	5	3	8	2	1	6
1	6	5	7	2	9	4	8	3
4	9	6	2	8	7	5	3	1
7	1	3	9	6	5	8	2	4
2	5	8	3	4	1	6	9	7
5	3	4	6	9	2	1	7	8
8	7	9	1	5	4	3	6	2
6	2	1	8	7	3	9	4	5

Puzzle 210

1	3	2	8	5	6	4	9	7
4	7	9	1	3	2	6	8	5
5	6	8	7	4	9	2	3	1
6	8	1	5	9	4	7	2	3
2	5	7	3	6	1	9	4	8
9	4	3	2	8	7	5	1	6
7	9	6	4	1	3	8	5	2
8	1	4	6	2	5	3	7	9
3	2	5	9	7	8	1	6	4

9	5	2	7	4	8	6	3	1
3	7	1	2	6	9	8	4	5
6	8	4	5	3	1	7	2	9
2	9	6	4	5	3	1	7	8
1	4	5	8	9	7	3	6	2
8	3	7	1	2	6	9	5	4
4	6	3	9	1	5	2	8	7
7	2	9	6	8	4	5	1	3
5	1	8	3	7	2	4	9	6

Puzzle 211

6	1	2	5	7	9	8	4	3
8	4	9	6	1	3	2	5	7
5	7	3	2	8	4	9	6	1
9	3	4	7	2	5	6	1	8
7	5	8	3	6	1	4	9	2
2	6	1	9	4	8	3	7	5
1	9	7	8	3	6	5	2	4
4	8	6	1	5	2	7	3	9
3	2	5	4	9	7	1	8	6

Puzzle 212

4	5	6	9	2	7	8	3	1
1	2	3	8	5	6	4	9	7
7	8	9	3	1	4	2	5	6
5	9	4	6	3	2	1	7	8
3	1	2	5	7	8	6	4	9
6	7	8	4	9	1	3	2	5
8	6	5	7	4	3	9	1	2
9	3	1	2	8	5	7	6	4
2	4	7	1	6	9	5	8	3

Puzzle 213

5	7	9	2	8	3	6	1	4
6	4	3	9	7	1	8	5	2
8	2	1	4	6	5	9	7	3
3	9	6	1	2	4	7	8	5
1	8	2	5	9	7	3	4	6
7	5	4	8	3	6	2	9	1
2	1	7	6	5	9	4	3	8
4	3	8	7	1	2	5	6	9
9	6	5	3	4	8	1	2	7

Puzzle 214

5	1	2	4	6	8	7	3	9
6	4	7	9	1	3	8	2	5
8	3	9	2	7	5	4	1	6
1	9	6	3	8	2	5	7	4
4	7	3	1	5	6	2	9	8
2	5	8	7	4	9	1	6	3
9	8	5	6	2	7	3	4	1
3	2	1	8	9	4	6	5	7
7	6	4	5	3	1	9	8	2

Puzzle 215

7	3	9	6	1	5	4	2	8
2	8	6	4	7	9	3	1	5
1	4	5	3	8	2	6	7	9
3	5	1	8	9	4	2	6	7
4	9	7	2	6	3	5	8	1
6	2	8	1	5	7	9	3	4
5	7	3	9	2	1	8	4	6
8	1	2	5	4	6	7	9	3
9	6	4	7	3	8	1	5	2

Puzzle 216

3	1	4	9	7	5	8	2	6
2	6	9	8	4	1	7	3	5
5	7	8	6	2	3	9	4	1
8	3	7	5	1	6	2	9	4
1	4	5	3	9	2	6	8	7
9	2	6	7	8	4	1	5	3
6	5	2	1	3	8	4	7	9
4	9	1	2	5	7	3	6	8
7	8	3	4	6	9	5	1	2

Puzzle 217

6	2	7	1	5	8	4	3	9
4	5	3	6	7	9	8	2	1
1	9	8	4	2	3	7	6	5
9	6	2	8	3	5	1	7	4
3	7	5	9	4	1	2	8	6
8	1	4	2	6	7	5	9	3
2	8	1	3	9	4	6	5	7
5	4	9	7	8	6	3	1	2
7	3	6	5	1	2	9	4	8

Puzzle 218

2	3	6	4	5	8	9	1	7
7	9	4	1	6	2	5	3	8
8	1	5	3	9	7	4	6	2
9	2	3	5	8	1	6	7	4
4	5	8	6	7	3	1	2	9
6	7	1	2	4	9	3	8	5
3	8	9	7	1	4	2	5	6
5	4	2	8	3	6	7	9	1
1	6	7	9	2	5	8	4	3

Puzzle 219

4	2	1	9	7	5	3	8	6
5	3	8	2	6	4	1	9	7
9	7	6	1	8	3	4	2	5
2	8	3	6	9	1	5	7	4
1	9	5	4	2	7	6	3	8
6	4	7	5	3	8	9	1	2
8	6	2	3	5	9	7	4	1
3	5	4	7	1	2	8	6	9
7	1	9	8	4	6	2	5	3

Puzzle 220

4	7	1	9	8	2	3	5	6
6	5	3	7	4	1	8	2	9
2	9	8	3	6	5	7	1	4
1	6	7	4	3	9	5	8	2
8	2	9	5	7	6	4	3	1
3	4	5	1	2	8	9	6	7
5	8	2	6	9	4	1	7	3
9	3	6	8	1	7	2	4	5
7	1	4	2	5	3	6	9	8

Puzzle 221

9	7	6	8	4	1	2	5	3
3	1	2	6	5	7	8	9	4
5	4	8	9	2	3	7	1	6
8	6	4	3	9	2	5	7	1
2	5	1	4	7	6	3	8	9
7	3	9	1	8	5	4	6	2
1	2	3	5	6	8	9	4	7
4	8	7	2	1	9	6	3	5
6	9	5	7	3	4	1	2	8

Puzzle 222

8	9	2	3	4	1	7	5	6
4	1	6	5	8	7	2	9	3
7	5	3	6	2	9	4	1	8
3	2	8	7	1	6	5	4	9
1	4	5	9	3	8	6	7	2
6	7	9	2	5	4	3	8	1
2	8	7	1	6	5	9	3	4
9	6	1	4	7	3	8	2	5
5	3	4	8	9	2	1	6	7

Puzzle 223

1	6	7	4	3	9	2	5	8
2	5	4	1	7	8	3	9	6
8	3	9	5	6	2	4	1	7
7	8	1	3	5	4	9	6	2
5	2	6	9	1	7	8	3	4
9	4	3	2	8	6	5	7	1
4	1	2	6	9	5	7	8	3
3	9	8	7	4	1	6	2	5
6	7	5	8	2	3	1	4	9

Puzzle 224

1	8	9	5	7	6	2	3	4
5	2	3	4	1	9	8	7	6
7	6	4	2	8	3	9	1	5
9	4	2	3	6	7	5	8	1
8	1	7	9	4	5	3	6	2
6	3	5	8	2	1	7	4	9
3	9	1	7	5	4	6	2	8
4	5	8	6	3	2	1	9	7
2	7	6	1	9	8	4	5	3

Puzzle 225

5	1	6	9	7	8	2	4	3
3	8	2	6	4	1	5	7	9
4	9	7	5	3	2	6	1	8
9	7	5	1	2	3	8	6	4
2	3	8	4	5	6	7	9	1
1	6	4	8	9	7	3	2	5
7	5	3	2	1	9	4	8	6
8	4	1	7	6	5	9	3	2
6	2	9	3	8	4	1	5	7

Puzzle 226

6	3	9	5	7	8	2	1	4
4	1	7	2	6	3	9	5	8
8	5	2	4	9	1	6	3	7
5	6	4	7	8	2	1	9	3
2	9	8	1	3	4	7	6	5
1	7	3	6	5	9	8	4	2
7	2	5	3	1	6	4	8	9
9	4	1	8	2	5	3	7	6
3	8	6	9	4	7	5	2	1

Puzzle 227

5	9	1	6	4	8	2	7	3
6	7	2	1	3	9	8	4	5
3	8	4	2	7	5	1	9	6
2	6	5	7	1	3	9	8	4
8	4	7	9	5	6	3	1	2
9	1	3	8	2	4	5	6	7
7	3	8	4	9	2	6	5	1
4	2	6	5	8	1	7	3	9
1	5	9	3	6	7	4	2	8

Puzzle 228

4	8	5	3	7	2	1	9	6
7	3	6	8	1	9	5	2	4
2	9	1	5	4	6	3	8	7
8	2	4	9	5	7	6	3	1
1	7	3	6	8	4	9	5	2
5	6	9	1	2	3	4	7	8
9	1	7	4	3	8	2	6	5
3	5	8	2	6	1	7	4	9
6	4	2	7	9	5	8	1	3

Puzzle 229

1	4	5	9	8	3	2	6	7
7	8	6	1	2	4	5	3	9
3	2	9	5	7	6	1	8	4
5	6	4	8	3	7	9	1	2
9	1	2	4	6	5	8	7	3
8	3	7	2	1	9	4	5	6
4	7	1	3	5	2	6	9	8
6	9	8	7	4	1	3	2	5
2	5	3	6	9	8	7	4	1

Puzzle 230

Puzzle 231

6	9	7	8	5	3	1	2	4
4	1	2	7	6	9	3	8	5
5	8	3	1	2	4	6	9	7
7	6	8	5	3	1	2	4	9
2	3	9	4	8	7	5	1	6
1	5	4	6	9	2	7	3	8
8	2	5	9	1	6	4	7	3
3	7	6	2	4	8	9	5	1
9	4	1	3	7	5	8	6	2

Puzzle 232

4	7	9	1	2	5	6	8	3
3	1	6	8	4	7	9	2	5
8	2	5	9	3	6	4	7	1
2	8	3	6	9	1	5	4	7
6	4	1	5	7	2	3	9	8
9	5	7	3	8	4	2	1	6
1	3	4	2	6	8	7	5	9
5	9	2	7	1	3	8	6	4
7	6	8	4	5	9	1	3	2

Puzzle 233

1	4	5	7	8	9	2	3	6
3	8	2	4	1	6	5	7	9
7	6	9	2	3	5	8	4	1
6	9	1	3	2	8	4	5	7
4	5	3	1	9	7	6	2	8
8	2	7	5	6	4	9	1	3
9	7	4	6	5	3	1	8	2
2	3	8	9	4	1	7	6	5
5	1	6	8	7	2	3	9	4

Puzzle 234

6	7	9	4	8	3	2	1	5
1	4	5	2	6	9	7	3	8
3	2	8	5	7	1	6	4	9
9	1	3	7	2	8	5	6	4
2	5	6	1	9	4	8	7	3
7	8	4	6	3	5	9	2	1
5	6	1	8	4	7	3	9	2
8	9	2	3	1	6	4	5	7
4	3	7	9	5	2	1	8	6

5	8	6	1	4	2	9	7	3
9	1	7	3	5	8	4	2	6
3	2	4	9	6	7	1	5	8
7	3	1	4	2	6	8	9	5
4	9	8	5	7	3	6	1	2
6	5	2	8	1	9	7	3	4
8	7	9	2	3	4	5	6	1
2	6	5	7	8	1	3	4	9
1	4	3	6	9	5	2	8	7

Puzzle 235

6	5	1	9	8	4	3	7	2
7	9	2	1	3	6	4	5	8
3	4	8	2	5	7	1	6	9
2	7	4	8	6	9	5	1	3
1	8	3	7	2	5	9	4	6
5	6	9	3	4	1	2	8	7
8	1	6	4	9	3	7	2	5
9	2	7	5	1	8	6	3	4
4	3	5	6	7	2	8	9	1

Puzzle 236

4	7	3	6	5	8	9	1	2
1	9	6	7	2	4	3	8	5
5	8	2	1	3	9	6	4	7
8	4	9	5	1	6	7	2	3
3	1	5	8	7	2	4	6	9
2	6	7	4	9	3	1	5	8
7	2	8	3	6	1	5	9	4
6	5	4	9	8	7	2	3	1
9	3	1	2	4	5	8	7	6

Puzzle 237

8	5	7	9	3	4	2	1	6
3	1	9	8	6	2	4	5	7
2	4	6	7	1	5	9	8	3
4	2	3	1	5	9	7	6	8
1	7	8	6	2	3	5	4	9
6	9	5	4	8	7	1	3	2
7	6	2	5	4	8	3	9	1
5	3	1	2	9	6	8	7	4
9	8	4	3	7	1	6	2	5

Puzzle 238

7	1	4	9	5	8	3	2	6
2	6	5	4	1	3	9	8	7
9	3	8	7	6	2	1	5	4
6	2	7	5	8	1	4	9	3
3	5	1	2	4	9	6	7	8
4	8	9	3	7	6	5	1	2
5	4	2	1	3	7	8	6	9
8	7	3	6	9	5	2	4	1
1	9	6	8	2	4	7	3	5

Puzzle 239

4	1	2	8	9	7	6	5	3
5	8	3	6	2	4	7	1	9
6	9	7	3	1	5	8	2	4
3	7	5	2	6	1	4	9	8
2	4	9	7	5	8	3	6	1
1	6	8	9	4	3	5	7	2
8	5	1	4	7	9	2	3	6
7	2	4	1	3	6	9	8	5
9	3	6	5	8	2	1	4	7

Puzzle 240

3	6	2	8	7	5	1	4	9
1	4	8	6	9	3	5	7	2
5	7	9	2	1	4	3	6	8
2	3	7	9	5	8	4	1	6
9	8	4	1	6	7	2	5	3
6	5	1	3	4	2	9	8	7
8	1	3	4	2	6	7	9	5
7	9	6	5	3	1	8	2	4
4	2	5	7	8	9	6	3	1

Puzzle 241

3	8	9	2	1	7	5	4	6
6	5	1	4	8	9	3	7	2
7	4	2	5	6	3	1	9	8
5	9	3	1	2	8	4	6	7
2	7	6	3	9	4	8	1	5
4	1	8	7	5	6	2	3	9
1	2	7	6	4	5	9	8	3
9	6	5	8	3	1	7	2	4
8	3	4	9	7	2	6	5	1

Puzzle 242

8	1	4	5	6	9	3	2	7
3	7	6	2	4	1	9	8	5
2	9	5	3	8	7	6	1	4
7	5	9	1	2	8	4	6	3
4	3	2	9	7	6	1	5	8
1	6	8	4	5	3	7	9	2
9	4	7	8	1	5	2	3	6
5	2	1	6	3	4	8	7	9
6	8	3	7	9	2	5	4	1

Puzzle 243

4	2	3	8	7	6	9	5	1
8	6	5	1	9	2	4	7	3
1	9	7	4	5	3	2	6	8
5	1	8	7	3	9	6	4	2
7	3	2	6	4	5	8	1	9
6	4	9	2	8	1	5	3	7
2	7	6	5	1	8	3	9	4
3	8	4	9	6	7	1	2	5
9	5	1	3	2	4	7	8	6

Puzzle 244

2	1	4	3	8	9	6	5	7
6	7	5	2	4	1	8	9	3
8	3	9	5	7	6	1	2	4
4	9	2	1	6	5	3	7	8
1	5	8	7	3	2	9	4	6
7	6	3	8	9	4	5	1	2
9	2	7	6	5	8	4	3	1
5	8	1	4	2	3	7	6	9
3	4	6	9	1	7	2	8	5

Puzzle 245

1	3	5	6	9	7	2	8	4
8	2	6	5	3	4	1	9	7
7	9	4	2	8	1	5	6	3
5	1	9	8	6	3	7	4	2
6	4	2	9	7	5	3	1	8
3	8	7	4	1	2	6	5	9
9	5	8	7	2	6	4	3	1
4	7	3	1	5	8	9	2	6
2	6	1	3	4	9	8	7	5

Puzzle 246

9	1	7	2	3	8	6	5	4
4	3	6	7	9	5	2	1	8
2	8	5	1	6	4	9	3	7
5	4	3	6	1	9	8	7	2
1	7	8	4	2	3	5	6	9
6	9	2	5	8	7	1	4	3
7	6	4	9	5	2	3	8	1
8	2	1	3	4	6	7	9	5
3	5	9	8	7	1	4	2	6

Puzzle 247

2	6	9	7	5	4	8	3	1
5	1	8	2	3	9	7	6	4
3	7	4	1	6	8	5	2	9
4	5	7	3	9	2	6	1	8
8	3	6	5	7	1	4	9	2
1	9	2	4	8	6	3	7	5
7	2	1	8	4	3	9	5	6
9	4	3	6	1	5	2	8	7
6	8	5	9	2	7	1	4	3

Puzzle 248

2	1	6	4	5	8	3	9	7
9	3	7	2	6	1	4	5	8
5	4	8	9	3	7	6	1	2
7	2	4	6	8	5	9	3	1
1	9	5	7	4	3	2	8	6
6	8	3	1	9	2	7	4	5
3	5	9	8	7	6	1	2	4
4	6	2	5	1	9	8	7	3
8	7	1	3	2	4	5	6	9

Puzzle 249

2	8	4	5	6	7	3	1	9
5	7	9	3	8	1	6	4	2
3	1	6	2	4	9	5	8	7
1	3	2	4	9	5	7	6	8
4	5	8	6	7	3	2	9	1
6	9	7	1	2	8	4	5	3
8	2	5	9	3	4	1	7	6
7	6	1	8	5	2	9	3	4
9	4	3	7	1	6	8	2	5

Puzzle 250

9	4	2	3	5	8	7	1	6
3	6	7	4	2	1	9	5	8
1	5	8	7	9	6	4	3	2
7	8	1	5	6	3	2	4	9
2	3	6	9	4	7	5	8	1
4	9	5	1	8	2	3	6	7
5	7	9	6	1	4	8	2	3
6	2	3	8	7	5	1	9	4
8	1	4	2	3	9	6	7	5

Puzzle 251

6	4	1	2	8	9	5	7	3
7	5	3	6	1	4	8	9	2
2	9	8	5	3	7	1	4	6
1	2	7	8	6	3	4	5	9
4	8	5	9	2	1	3	6	7
9	3	6	7	4	5	2	8	1
5	1	2	4	7	6	9	3	8
3	6	9	1	5	8	7	2	4
8	7	4	3	9	2	6	1	5

Puzzle 252

6	2	8	9	1	3	7	4	5
7	3	5	4	8	2	6	9	1
4	9	1	6	7	5	8	3	2
3	1	2	8	9	4	5	6	7
8	6	7	5	3	1	4	2	9
9	5	4	2	6	7	1	8	3
2	4	3	1	5	6	9	7	8
5	8	6	7	2	9	3	1	4
1	7	9	3	4	8	2	5	6

Puzzle 253

5	7	8	4	1	2	6	3	9
6	4	9	8	7	3	5	2	1
2	3	1	9	6	5	4	8	7
8	9	7	3	2	6	1	5	4
4	2	3	5	9	1	7	6	8
1	6	5	7	4	8	2	9	3
3	8	6	1	5	4	9	7	2
7	1	2	6	8	9	3	4	5
9	5	4	2	3	7	8	1	6

Puzzle 254

3	1	7	8	5	6	4	2	9
4	9	5	3	2	7	6	8	1
6	8	2	9	4	1	7	3	5
9	4	3	2	8	5	1	7	6
5	7	1	4	6	3	8	9	2
8	2	6	1	7	9	5	4	3
7	6	8	5	3	2	9	1	4
1	3	4	6	9	8	2	5	7
2	5	9	7	1	4	3	6	8

Puzzle 255

3	8	5	4	7	9	2	6	1
9	6	4	2	1	8	5	7	3
7	2	1	6	5	3	8	9	4
4	9	8	5	6	1	3	2	7
1	7	3	9	4	2	6	8	5
2	5	6	8	3	7	4	1	9
6	3	9	1	8	5	7	4	2
5	4	2	7	9	6	1	3	8
8	1	7	3	2	4	9	5	6

Puzzle 256

5	6	8	1	4	7	3	9	2
3	9	1	5	6	2	7	8	4
2	7	4	3	8	9	6	1	5
7	4	6	9	1	8	2	5	3
1	3	5	7	2	6	9	4	8
9	8	2	4	3	5	1	7	6
4	5	3	2	9	1	8	6	7
6	1	7	8	5	3	4	2	9
8	2	9	6	7	4	5	3	1

Puzzle 257

5	8	7	1	3	9	4	2	6
9	6	1	5	4	2	7	3	8
2	3	4	6	8	7	1	9	5
3	1	2	9	6	5	8	4	7
8	9	6	4	7	1	2	5	3
7	4	5	3	2	8	6	1	9
6	7	9	2	1	3	5	8	4
1	5	8	7	9	4	3	6	2
4	2	3	8	5	6	9	7	1

Puzzle 258

8	5	4	3	1	7	2	6	9
6	1	3	2	9	4	7	5	8
7	2	9	5	8	6	3	1	4
3	6	1	8	4	9	5	2	7
2	9	8	7	5	1	4	3	6
4	7	5	6	2	3	9	8	1
9	3	2	1	7	8	6	4	5
1	4	6	9	3	5	8	7	2
5	8	7	4	6	2	1	9	3

Puzzle 259

7	4	6	9	3	2	8	5	1
3	1	8	5	7	6	4	2	9
5	9	2	8	1	4	3	6	7
8	2	5	3	9	1	7	4	6
4	6	7	2	8	5	9	1	3
9	3	1	6	4	7	5	8	2
2	7	3	1	5	8	6	9	4
6	8	9	4	2	3	1	7	5
1	5	4	7	6	9	2	3	8

Puzzle 260

9	4	8	6	5	7	2	1	3
3	5	2	1	4	8	6	9	7
1	7	6	2	9	3	5	4	8
7	1	9	4	6	2	8	3	5
8	2	5	3	7	9	4	6	1
6	3	4	8	1	5	7	2	9
4	9	3	7	8	6	1	5	2
2	8	1	5	3	4	9	7	6
5	6	7	9	2	1	3	8	4

Puzzle 261

8	1	9	2	3	7	6	4	5
5	4	7	6	9	1	3	8	2
6	2	3	5	8	4	1	7	9
2	6	4	7	5	8	9	3	1
3	9	1	4	2	6	8	5	7
7	5	8	9	1	3	2	6	4
9	8	2	3	7	5	4	1	6
1	7	6	8	4	2	5	9	3
4	3	5	1	6	9	7	2	8

Puzzle 262

3	9	8	5	2	1	6	7	4
1	4	7	9	6	8	3	5	2
6	2	5	4	7	3	9	8	1
2	5	9	1	3	4	7	6	8
7	1	3	6	8	2	5	4	9
4	8	6	7	9	5	1	2	3
9	7	2	8	1	6	4	3	5
8	6	4	3	5	9	2	1	7
5	3	1	2	4	7	8	9	6

Puzzle 263

9	6	2	3	7	5	1	4	8
8	4	1	6	2	9	5	3	7
5	7	3	4	1	8	6	2	9
6	8	9	7	4	2	3	5	1
1	2	5	8	6	3	9	7	4
4	3	7	9	5	1	2	8	6
3	1	8	2	9	4	7	6	5
7	9	4	5	3	6	8	1	2
2	5	6	1	8	7	4	9	3

Puzzle 264

4	9	5	3	8	1	2	6	7
1	7	3	6	2	9	8	5	4
6	2	8	7	4	5	3	9	1
8	3	4	1	6	7	9	2	5
2	5	9	8	3	4	7	1	6
7	1	6	5	9	2	4	3	8
9	4	1	2	7	6	5	8	3
5	8	2	4	1	3	6	7	9
3	6	7	9	5	8	1	4	2

Puzzle 265

3	4	5	8	2	9	6	1	7
1	2	7	4	6	3	8	9	5
6	9	8	7	5	1	2	3	4
8	5	1	3	4	2	9	7	6
9	6	4	1	7	8	5	2	3
7	3	2	6	9	5	1	4	8
2	8	3	5	1	4	7	6	9
4	1	6	9	8	7	3	5	2
5	7	9	2	3	6	4	8	1

Puzzle 266

Puzzle 267

9	8	2	5	4	3	6	7	1
5	1	4	6	7	2	8	3	9
6	3	7	1	9	8	2	5	4
1	9	6	2	8	7	3	4	5
3	7	5	4	6	9	1	8	2
2	4	8	3	5	1	9	6	7
4	5	1	8	2	6	7	9	3
8	2	9	7	3	5	4	1	6
7	6	3	9	1	4	5	2	8

Puzzle 268

4	5	3	2	1	6	9	7	8
8	6	1	9	5	7	4	2	3
2	9	7	8	4	3	5	1	6
1	4	9	7	2	8	6	3	5
3	8	6	5	9	1	2	4	7
7	2	5	3	6	4	8	9	1
9	1	2	6	3	5	7	8	4
5	3	8	4	7	2	1	6	9
6	7	4	1	8	9	3	5	2

Puzzle 269

2	4	9	5	1	6	7	3	8
3	1	6	2	8	7	9	4	5
8	7	5	4	9	3	6	2	1
6	8	2	7	3	4	1	5	9
5	3	1	6	2	9	8	7	4
7	9	4	8	5	1	3	6	2
1	5	3	9	7	2	4	8	6
4	2	7	1	6	8	5	9	3
9	6	8	3	4	5	2	1	7

Puzzle 270

6	3	7	1	9	8	4	2	5
5	1	2	4	7	6	8	3	9
8	9	4	2	5	3	1	7	6
4	8	6	3	2	1	9	5	7
7	2	9	5	6	4	3	8	1
3	5	1	9	8	7	6	4	2
1	6	8	7	3	5	2	9	4
2	4	5	8	1	9	7	6	3
9	7	3	6	4	2	5	1	8

Puzzle 271

2	5	6	9	7	3	8	4	1
9	3	1	5	8	4	2	6	7
4	8	7	6	1	2	3	5	9
5	7	4	3	6	9	1	2	8
3	1	2	7	5	8	4	9	6
8	6	9	4	2	1	7	3	5
7	4	8	2	9	5	6	1	3
1	9	3	8	4	6	5	7	2
6	2	5	1	3	7	9	8	4

Puzzle 272

9	4	8	1	5	2	3	7	6
7	5	1	9	6	3	2	8	4
2	3	6	8	7	4	9	5	1
4	1	5	2	8	6	7	3	9
3	8	2	4	9	7	1	6	5
6	9	7	3	1	5	8	4	2
5	7	9	6	3	1	4	2	8
1	6	4	7	2	8	5	9	3
8	2	3	5	4	9	6	1	7

Puzzle 273

1	2	7	8	9	4	5	3	6
3	6	4	2	7	5	9	8	1
8	5	9	1	3	6	7	4	2
6	3	5	9	1	2	4	7	8
4	9	1	6	8	7	2	5	3
7	8	2	5	4	3	6	1	9
2	7	6	3	5	8	1	9	4
5	1	3	4	2	9	8	6	7
9	4	8	7	6	1	3	2	5

Puzzle 274

1	2	6	4	5	3	9	8	7
7	5	9	8	1	2	3	4	6
3	8	4	6	7	9	2	1	5
5	7	1	2	6	8	4	3	9
6	9	8	5	3	4	1	7	2
4	3	2	7	9	1	6	5	8
8	6	3	1	2	5	7	9	4
9	4	7	3	8	6	5	2	1
2	1	5	9	4	7	8	6	3

6	3	5	8	2	1	4	9	7
7	1	2	9	6	4	3	8	5
8	9	4	3	7	5	6	2	1
3	4	8	6	5	7	2	1	9
9	7	1	2	3	8	5	4	6
5	2	6	4	1	9	8	7	3
4	5	7	1	8	3	9	6	2
1	6	9	5	4	2	7	3	8
2	8	3	7	9	6	1	5	4

Puzzle 275

7	9	2	5	6	8	4	3	1
3	8	6	4	7	1	9	2	5
1	5	4	3	9	2	8	7	6
9	4	5	6	2	7	1	8	3
8	6	1	9	3	5	2	4	7
2	7	3	8	1	4	6	5	9
4	3	9	7	8	6	5	1	2
6	1	8	2	5	3	7	9	4
5	2	7	1	4	9	3	6	8

Puzzle 276

7	4	6	9	1	8	2	5	3
1	5	3	4	7	2	8	6	9
2	9	8	5	6	3	4	1	7
5	8	1	3	4	6	9	7	2
6	7	9	8	2	1	3	4	5
4	3	2	7	5	9	1	8	6
8	1	7	2	9	5	6	3	4
3	2	4	6	8	7	5	9	1
9	6	5	1	3	4	7	2	8

Puzzle 277

8	9	1	7	6	3	4	5	2
2	6	3	8	5	4	7	1	9
5	4	7	2	1	9	8	6	3
4	7	5	9	2	1	3	8	6
6	8	2	5	3	7	9	4	1
1	3	9	6	4	8	2	7	5
3	1	8	4	9	6	5	2	7
9	2	4	1	7	5	6	3	8
7	5	6	3	8	2	1	9	4

Puzzle 278

8	7	3	9	2	5	1	4	6
2	5	6	1	3	4	9	8	7
4	9	1	7	6	8	3	5	2
9	6	5	8	7	3	2	1	4
7	1	4	6	5	2	8	3	9
3	2	8	4	1	9	7	6	5
5	3	7	2	8	6	4	9	1
6	4	2	3	9	1	5	7	8
1	8	9	5	4	7	6	2	3

Puzzle 279

3	8	6	2	1	4	5	7	9
7	5	1	9	8	6	3	2	4
9	4	2	5	3	7	6	1	8
4	1	8	3	6	5	2	9	7
5	7	9	1	2	8	4	3	6
2	6	3	4	7	9	1	8	5
8	2	7	6	5	1	9	4	3
6	3	4	7	9	2	8	5	1
1	9	5	8	4	3	7	6	2

Puzzle 280

3	4	2	6	9	1	5	7	8
6	7	5	8	4	3	2	9	1
1	8	9	5	7	2	3	4	6
9	3	4	2	1	6	8	5	7
8	6	1	3	5	7	4	2	9
5	2	7	9	8	4	1	6	3
4	9	6	1	2	8	7	3	5
7	1	3	4	6	5	9	8	2
2	5	8	7	3	9	6	1	4

Puzzle 281

4	5	3	9	6	1	2	8	7
9	1	8	2	7	4	6	3	5
6	7	2	3	8	5	1	4	9
3	2	9	4	5	7	8	6	1
7	6	1	8	9	3	5	2	4
8	4	5	1	2	6	9	7	3
5	9	6	7	4	8	3	1	2
2	3	4	6	1	9	7	5	8
1	8	7	5	3	2	4	9	6

Puzzle 282

Puzzle 283

6	7	8	4	9	5	1	2	3
1	2	9	8	3	6	7	5	4
4	3	5	2	1	7	6	8	9
2	4	3	7	6	9	5	1	8
8	1	7	5	2	3	9	4	6
5	9	6	1	4	8	3	7	2
9	8	2	3	7	1	4	6	5
7	6	4	9	5	2	8	3	1
3	5	1	6	8	4	2	9	7

Puzzle 284

9	8	6	5	2	3	4	1	7
1	4	5	7	9	6	2	3	8
2	3	7	1	4	8	6	5	9
4	7	3	9	5	1	8	2	6
6	1	8	2	3	7	9	4	5
5	9	2	6	8	4	3	7	1
8	6	1	4	7	2	5	9	3
3	2	9	8	1	5	7	6	4
7	5	4	3	6	9	1	8	2

Puzzle 285

9	4	2	1	6	8	5	3	7
5	1	7	3	4	2	8	9	6
6	3	8	9	5	7	2	4	1
3	5	9	6	8	1	7	2	4
2	7	4	5	9	3	6	1	8
1	8	6	2	7	4	9	5	3
8	9	5	4	1	6	3	7	2
4	6	3	7	2	9	1	8	5
7	2	1	8	3	5	4	6	9

Puzzle 286

4	9	6	2	3	1	7	8	5
5	1	3	8	4	7	2	9	6
8	7	2	9	6	5	4	1	3
7	5	8	4	1	3	6	2	9
9	2	4	6	5	8	1	3	7
6	3	1	7	2	9	5	4	8
3	8	5	1	7	2	9	6	4
2	6	9	5	8	4	3	7	1
1	4	7	3	9	6	8	5	2

7	4	6	2	9	3	8	1	5
3	8	5	6	1	7	2	4	9
1	9	2	4	5	8	3	7	6
9	6	3	7	2	5	1	8	4
2	1	4	8	6	9	5	3	7
8	5	7	3	4	1	9	6	2
4	7	1	9	3	2	6	5	8
6	3	9	5	8	4	7	2	1
5	2	8	1	7	6	4	9	3

Puzzle 287

2	6	9	5	3	7	1	4	8
7	1	4	2	8	9	6	5	3
8	3	5	6	1	4	2	7	9
1	2	3	9	4	6	5	8	7
9	8	7	3	5	1	4	6	2
4	5	6	7	2	8	3	9	1
6	7	1	4	9	2	8	3	5
3	4	2	8	7	5	9	1	6
5	9	8	1	6	3	7	2	4

Puzzle 288

8	1	9	5	4	3	2	7	6
5	6	2	1	8	7	9	4	3
7	3	4	6	2	9	8	5	1
9	5	7	4	6	1	3	2	8
6	4	1	2	3	8	7	9	5
3	2	8	7	9	5	1	6	4
4	7	6	3	1	2	5	8	9
1	8	5	9	7	4	6	3	2
2	9	3	8	5	6	4	1	7

Puzzle 289

6	4	7	3	8	9	1	5	2
2	5	1	6	7	4	8	3	9
9	3	8	5	2	1	7	4	6
7	1	5	2	4	6	3	9	8
8	9	2	7	5	3	4	6	1
3	6	4	1	9	8	2	7	5
4	7	9	8	6	2	5	1	3
1	8	6	4	3	5	9	2	7
5	2	3	9	1	7	6	8	4

Puzzle 290

4	9	5	1	7	3	6	8	2
2	1	8	4	5	6	3	9	7
6	3	7	9	2	8	5	1	4
3	2	1	8	4	7	9	6	5
9	8	6	2	3	5	7	4	1
5	7	4	6	9	1	8	2	3
8	4	3	7	6	2	1	5	9
1	5	2	3	8	9	4	7	6
7	6	9	5	1	4	2	3	8

Puzzle 291

1	3	6	5	4	9	7	2	8
2	9	8	7	6	1	4	3	5
4	7	5	2	8	3	1	6	9
8	2	9	4	7	6	5	1	3
3	5	7	1	2	8	9	4	6
6	1	4	9	3	5	8	7	2
5	4	2	3	9	7	6	8	1
9	8	3	6	1	4	2	5	7
7	6	1	8	5	2	3	9	4

Puzzle 292

1	5	4	3	2	8	9	7	6
8	9	6	4	5	7	3	1	2
2	7	3	9	6	1	8	5	4
9	2	5	1	7	4	6	3	8
3	6	1	5	8	9	2	4	7
4	8	7	6	3	2	1	9	5
6	3	2	7	1	5	4	8	9
7	1	9	8	4	6	5	2	3
5	4	8	2	9	3	7	6	1

Puzzle 293

9	4	1	6	5	8	7	3	2
7	6	3	2	9	1	5	4	8
8	2	5	4	7	3	9	1	6
2	5	7	1	8	9	3	6	4
3	9	4	7	6	2	8	5	1
1	8	6	3	4	5	2	9	7
4	1	8	9	3	7	6	2	5
5	3	2	8	1	6	4	7	9
6	7	9	5	2	4	1	8	3

Puzzle 294

1	4	7	6	3	2	8	9	5
8	5	6	9	1	7	3	2	4
3	9	2	5	4	8	7	6	1
5	7	3	2	9	1	6	4	8
6	8	9	3	7	4	5	1	2
4	2	1	8	6	5	9	3	7
9	1	4	7	5	3	2	8	6
7	6	8	1	2	9	4	5	3
2	3	5	4	8	6	1	7	9

Puzzle 295

7	6	8	5	3	1	4	2	9
1	5	9	6	2	4	8	7	3
4	2	3	8	7	9	1	6	5
9	3	2	4	5	7	6	8	1
5	4	6	3	1	8	2	9	7
8	1	7	9	6	2	3	5	4
2	7	4	1	9	6	5	3	8
3	9	1	2	8	5	7	4	6
6	8	5	7	4	3	9	1	2

Puzzle 296

4	8	7	9	3	5	6	2	1
1	9	6	8	4	2	3	7	5
3	2	5	1	6	7	8	9	4
5	4	3	6	2	1	7	8	9
2	7	9	4	5	8	1	6	3
8	6	1	7	9	3	4	5	2
9	5	8	3	7	4	2	1	6
6	1	4	2	8	9	5	3	7
7	3	2	5	1	6	9	4	8

Puzzle 297

8	3	6	2	7	5	9	1	4
9	1	4	3	8	6	7	5	2
5	2	7	9	1	4	6	3	8
2	7	1	4	3	8	5	9	6
3	8	9	5	6	7	4	2	1
4	6	5	1	9	2	8	7	3
1	5	8	7	4	3	2	6	9
6	9	2	8	5	1	3	4	7
7	4	3	6	2	9	1	8	5

Puzzle 298

Puzzle 299

1	5	7	8	6	4	3	9	2
4	9	8	2	3	7	6	1	5
2	6	3	9	1	5	4	7	8
5	2	1	3	7	8	9	6	4
9	3	4	1	2	6	8	5	7
7	8	6	4	5	9	2	3	1
3	7	9	5	4	2	1	8	6
8	4	5	6	9	1	7	2	3
6	1	2	7	8	3	5	4	9

Puzzle 300

2	8	1	5	3	6	4	9	7
7	5	4	1	9	8	2	3	6
3	9	6	2	4	7	1	8	5
6	3	2	4	8	5	7	1	9
8	7	9	6	2	1	5	4	3
4	1	5	9	7	3	6	2	8
9	2	8	7	5	4	3	6	1
1	4	7	3	6	9	8	5	2
5	6	3	8	1	2	9	7	4

Puzzle 301

8	6	4	5	3	9	1	2	7
9	1	2	8	4	7	5	3	6
7	5	3	1	6	2	4	9	8
4	9	8	2	7	5	3	6	1
6	3	1	9	8	4	7	5	2
2	7	5	3	1	6	8	4	9
1	8	6	4	9	3	2	7	5
5	4	7	6	2	8	9	1	3
3	2	9	7	5	1	6	8	4

Puzzle 302

8	6	5	1	2	9	4	7	3
1	7	3	6	4	8	9	5	2
4	2	9	7	3	5	6	1	8
3	5	7	2	1	4	8	6	9
2	9	8	5	7	6	1	3	4
6	1	4	9	8	3	7	2	5
7	4	1	8	5	2	3	9	6
9	3	2	4	6	1	5	8	7
5	8	6	3	9	7	2	4	1

6	8	5	3	1	9	4	7	2
4	1	9	2	5	7	6	3	8
2	7	3	4	8	6	1	5	9
5	2	1	9	6	3	8	4	7
8	6	7	5	4	1	9	2	3
3	9	4	7	2	8	5	1	6
7	4	2	6	9	5	3	8	1
9	3	8	1	7	4	2	6	5
1	5	6	8	3	2	7	9	4

Puzzle 303

2	6	9	3	4	1	8	5	7
3	7	5	9	8	2	6	1	4
8	4	1	5	6	7	9	2	3
5	1	2	7	3	9	4	6	8
6	8	7	2	5	4	3	9	1
4	9	3	6	1	8	5	7	2
7	3	6	8	2	5	1	4	9
9	5	4	1	7	3	2	8	6
1	2	8	4	9	6	7	3	5

Puzzle 304

8	3	6	5	1	9	2	4	7
4	7	5	6	3	2	9	8	1
1	2	9	4	8	7	5	6	3
7	1	2	3	6	8	4	9	5
9	5	4	7	2	1	8	3	6
6	8	3	9	4	5	7	1	2
3	4	8	2	5	6	1	7	9
2	9	1	8	7	3	6	5	4
5	6	7	1	9	4	3	2	8

Puzzle 305

5	2	4	6	1	9	8	3	7
3	6	7	2	8	5	4	1	9
9	8	1	4	7	3	5	2	6
6	5	3	1	2	8	7	9	4
7	9	2	3	4	6	1	5	8
4	1	8	5	9	7	2	6	3
2	4	9	8	3	1	6	7	5
1	7	5	9	6	4	3	8	2
8	3	6	7	5	2	9	4	1

Puzzle 306

Puzzle 307

2	5	4	1	9	8	3	7	6
9	7	8	6	2	3	1	4	5
1	3	6	7	5	4	8	2	9
6	2	9	3	1	7	4	5	8
5	8	3	2	4	9	7	6	1
4	1	7	8	6	5	9	3	2
8	6	5	4	3	1	2	9	7
7	4	2	9	8	6	5	1	3
3	9	1	5	7	2	6	8	4

Puzzle 308

9	8	6	1	2	7	3	4	5
4	5	3	8	6	9	2	7	1
2	7	1	5	3	4	9	8	6
7	4	9	3	1	2	5	6	8
5	6	2	9	7	8	1	3	4
1	3	8	6	4	5	7	2	9
8	2	7	4	9	1	6	5	3
6	1	4	2	5	3	8	9	7
3	9	5	7	8	6	4	1	2

Puzzle 309

8	1	9	6	2	4	3	5	7
5	7	3	1	8	9	2	4	6
2	6	4	7	3	5	8	9	1
9	2	1	8	4	7	6	3	5
4	5	7	3	1	6	9	8	2
3	8	6	5	9	2	7	1	4
1	9	2	4	7	8	5	6	3
7	4	5	9	6	3	1	2	8
6	3	8	2	5	1	4	7	9

Puzzle 310

1	8	9	7	2	4	6	5	3
4	2	5	8	6	3	7	1	9
6	3	7	9	1	5	4	8	2
7	9	1	6	3	2	5	4	8
8	4	2	5	7	9	1	3	6
5	6	3	4	8	1	2	9	7
9	5	8	2	4	7	3	6	1
2	1	4	3	9	6	8	7	5
3	7	6	1	5	8	9	2	4

2	4	3	7	8	6	9	5	1
9	1	5	2	3	4	8	7	6
7	8	6	9	1	5	4	3	2
1	5	2	4	9	8	7	6	3
4	3	7	6	5	2	1	9	8
6	9	8	3	7	1	5	2	4
8	7	9	1	6	3	2	4	5
3	2	1	5	4	7	6	8	9
5	6	4	8	2	9	3	1	7

Puzzle 311

8	4	3	6	7	9	5	2	1
6	9	2	8	1	5	4	3	7
7	1	5	2	4	3	9	6	8
2	5	9	1	8	7	3	4	6
4	3	8	5	6	2	7	1	9
1	6	7	3	9	4	8	5	2
5	7	4	9	2	1	6	8	3
9	2	6	4	3	8	1	7	5
3	8	1	7	5	6	2	9	4

Puzzle 312

2	4	1	8	3	7	9	6	5
9	7	6	1	5	4	3	2	8
5	8	3	9	2	6	4	1	7
6	9	7	3	8	1	5	4	2
4	5	2	7	6	9	8	3	1
3	1	8	2	4	5	7	9	6
7	2	4	5	1	3	6	8	9
8	6	5	4	9	2	1	7	3
1	3	9	6	7	8	2	5	4

Puzzle 313

6	5	9	1	8	2	3	4	7
3	1	2	5	7	4	8	6	9
7	8	4	6	3	9	1	2	5
4	7	5	8	2	6	9	1	3
2	6	3	9	5	1	7	8	4
1	9	8	7	4	3	2	5	6
5	2	6	3	9	8	4	7	1
8	3	7	4	1	5	6	9	2
9	4	1	2	6	7	5	3	8

Puzzle 314

Puzzle 315

7	1	5	3	2	8	6	4	9
4	2	6	5	9	7	8	3	1
3	8	9	1	4	6	7	5	2
2	9	4	6	5	3	1	7	8
5	7	3	2	8	1	9	6	4
8	6	1	9	7	4	3	2	5
1	5	7	4	6	9	2	8	3
6	3	2	8	1	5	4	9	7
9	4	8	7	3	2	5	1	6

Puzzle 316

3	1	8	7	4	5	6	9	2
9	5	2	3	8	6	4	7	1
7	4	6	2	1	9	8	5	3
1	6	5	4	3	8	9	2	7
2	3	4	5	9	7	1	6	8
8	7	9	1	6	2	5	3	4
4	2	1	9	5	3	7	8	6
6	9	3	8	7	1	2	4	5
5	8	7	6	2	4	3	1	9

Puzzle 317

3	5	4	2	1	8	6	9	7
1	9	6	7	3	5	2	4	8
2	7	8	6	9	4	5	3	1
6	8	2	4	7	3	1	5	9
9	3	5	1	8	2	4	7	6
4	1	7	5	6	9	8	2	3
7	2	3	8	5	6	9	1	4
8	4	1	9	2	7	3	6	5
5	6	9	3	4	1	7	8	2

Puzzle 318

7	3	6	1	8	2	4	9	5
9	8	4	6	5	7	1	3	2
1	5	2	4	9	3	6	7	8
5	2	1	9	3	8	7	4	6
3	6	7	5	4	1	2	8	9
4	9	8	2	7	6	3	5	1
8	1	5	7	2	4	9	6	3
2	4	3	8	6	9	5	1	7
6	7	9	3	1	5	8	2	4

3	6	5	8	1	9	4	7	2
2	4	7	5	6	3	8	1	9
9	8	1	2	7	4	5	6	3
6	2	3	4	8	5	1	9	7
4	7	9	1	3	6	2	5	8
1	5	8	9	2	7	3	4	6
7	1	4	3	9	2	6	8	5
8	3	6	7	5	1	9	2	4
5	9	2	6	4	8	7	3	1

Puzzle 319

2	3	6	9	4	5	8	1	7
4	8	7	3	1	2	5	9	6
1	9	5	6	7	8	2	4	3
5	1	3	8	6	7	9	2	4
7	2	9	1	3	4	6	5	8
8	6	4	5	2	9	7	3	1
6	4	2	7	5	1	3	8	9
3	5	8	4	9	6	1	7	2
9	7	1	2	8	3	4	6	5

Puzzle 320

5	7	9	6	3	4	2	8	1
2	1	8	9	7	5	3	4	6
3	4	6	1	2	8	9	7	5
4	8	2	5	6	3	7	1	9
9	6	7	4	1	2	5	3	8
1	5	3	8	9	7	4	6	2
6	2	4	3	8	9	1	5	7
7	3	1	2	5	6	8	9	4
8	9	5	7	4	1	6	2	3

Puzzle 321

2	5	8	7	3	6	9	4	1
9	7	6	4	8	1	5	3	2
1	3	4	9	2	5	6	8	7
3	9	2	6	5	8	7	1	4
7	4	1	2	9	3	8	5	6
8	6	5	1	4	7	2	9	3
5	2	9	3	7	4	1	6	8
4	1	7	8	6	9	3	2	5
6	8	3	5	1	2	4	7	9

Puzzle 322

8	9	1	2	5	7	4	3	6
3	7	5	9	6	4	1	2	8
4	2	6	3	1	8	7	5	9
7	3	8	5	9	1	2	6	4
5	6	2	4	8	3	9	7	1
9	1	4	7	2	6	5	8	3
1	5	3	8	7	9	6	4	2
6	8	7	1	4	2	3	9	5
2	4	9	6	3	5	8	1	7

Puzzle 323

9	4	1	3	5	7	6	2	8
5	6	3	2	8	9	7	1	4
2	7	8	6	4	1	9	5	3
3	2	7	5	9	4	8	6	1
1	8	6	7	2	3	4	9	5
4	5	9	1	6	8	2	3	7
7	9	5	8	3	2	1	4	6
6	1	4	9	7	5	3	8	2
8	3	2	4	1	6	5	7	9

Puzzle 324

7	8	5	9	2	6	4	1	3
3	1	4	5	7	8	6	2	9
2	6	9	4	1	3	7	8	5
4	3	1	2	5	9	8	6	7
9	7	8	6	4	1	3	5	2
5	2	6	3	8	7	1	9	4
6	9	7	1	3	2	5	4	8
8	4	2	7	6	5	9	3	1
1	5	3	8	9	4	2	7	6

Puzzle 325

1	4	8	3	9	2	6	7	5
2	7	6	8	5	1	4	9	3
5	9	3	7	6	4	1	2	8
6	5	7	1	3	8	9	4	2
4	3	2	5	7	9	8	6	1
8	1	9	4	2	6	3	5	7
7	6	5	9	1	3	2	8	4
3	2	4	6	8	5	7	1	9
9	8	1	2	4	7	5	3	6

Puzzle 326

9	8	3	6	4	1	7	5	2
4	2	7	5	8	9	6	3	1
6	1	5	7	2	3	4	9	8
1	9	8	4	7	6	3	2	5
5	3	4	8	1	2	9	7	6
2	7	6	9	3	5	1	8	4
7	6	1	2	9	8	5	4	3
8	5	9	3	6	4	2	1	7
3	4	2	1	5	7	8	6	9

Puzzle 327

3	9	4	5	6	2	1	7	8
7	5	2	8	4	1	3	9	6
8	1	6	7	3	9	5	2	4
6	7	1	2	8	5	9	4	3
4	8	9	3	1	6	7	5	2
2	3	5	9	7	4	6	8	1
9	4	3	1	2	7	8	6	5
1	2	7	6	5	8	4	3	9
5	6	8	4	9	3	2	1	7

Puzzle 328

5	4	7	8	6	1	9	2	3
9	2	6	3	5	7	8	1	4
8	1	3	9	4	2	6	7	5
7	3	2	6	9	4	5	8	1
4	9	1	5	2	8	7	3	6
6	5	8	7	1	3	4	9	2
3	7	4	1	8	6	2	5	9
2	8	9	4	3	5	1	6	7
1	6	5	2	7	9	3	4	8

Puzzle 329

7	5	3	9	4	6	1	8	2
8	6	2	5	3	1	9	4	7
1	4	9	8	7	2	5	6	3
5	2	8	1	6	3	4	7	9
3	9	4	7	2	8	6	5	1
6	7	1	4	5	9	2	3	8
9	8	7	6	1	5	3	2	4
2	1	6	3	8	4	7	9	5
4	3	5	2	9	7	8	1	6

Puzzle 330

6	1	4	8	9	5	7	2	3
2	7	3	1	4	6	5	8	9
9	5	8	2	3	7	4	1	6
3	4	1	6	2	8	9	5	7
5	8	9	7	1	4	6	3	2
7	6	2	3	5	9	1	4	8
1	9	7	4	8	2	3	6	5
8	3	6	5	7	1	2	9	4
4	2	5	9	6	3	8	7	1

Puzzle 331

1	9	2	4	7	3	8	5	6
8	4	6	5	1	9	7	3	2
7	3	5	6	2	8	4	9	1
2	8	3	9	5	4	6	1	7
5	1	7	2	3	6	9	4	8
4	6	9	1	8	7	3	2	5
9	7	1	8	4	5	2	6	3
3	5	4	7	6	2	1	8	9
6	2	8	3	9	1	5	7	4

Puzzle 332

1	7	8	9	3	6	2	5	4
5	2	9	4	8	7	1	3	6
4	3	6	2	1	5	8	9	7
8	5	4	1	6	3	7	2	9
2	9	7	8	5	4	6	1	3
6	1	3	7	9	2	4	8	5
7	4	5	3	2	1	9	6	8
3	8	2	6	4	9	5	7	1
9	6	1	5	7	8	3	4	2

Puzzle 333

4	8	1	7	2	3	6	5	9
3	6	9	8	4	5	1	2	7
7	2	5	6	9	1	4	8	3
6	7	3	2	8	9	5	4	1
1	5	4	3	6	7	8	9	2
8	9	2	1	5	4	7	3	6
2	3	6	4	7	8	9	1	5
5	1	8	9	3	6	2	7	4
9	4	7	5	1	2	3	6	8

Puzzle 334

6	9	5	2	4	1	8	7	3
3	8	2	6	7	9	5	4	1
1	4	7	8	5	3	9	2	6
5	1	4	3	2	8	6	9	7
2	6	8	1	9	7	3	5	4
9	7	3	4	6	5	1	8	2
7	5	1	9	3	4	2	6	8
8	2	9	7	1	6	4	3	5
4	3	6	5	8	2	7	1	9

Puzzle 335

7	6	4	3	5	2	9	8	1
1	5	8	9	4	7	3	2	6
3	9	2	6	1	8	5	4	7
4	8	3	1	6	9	7	5	2
6	7	5	8	2	3	1	9	4
2	1	9	5	7	4	6	3	8
8	2	6	7	3	5	4	1	9
5	4	1	2	9	6	8	7	3
9	3	7	4	8	1	2	6	5

Puzzle 336

1	5	3	8	6	2	9	4	7
9	7	4	1	3	5	8	6	2
6	2	8	9	4	7	1	3	5
7	8	5	3	9	6	4	2	1
4	9	6	2	1	8	5	7	3
2	3	1	5	7	4	6	8	9
5	4	9	6	2	3	7	1	8
3	1	7	4	8	9	2	5	6
8	6	2	7	5	1	3	9	4

Puzzle 337

6	2	5	4	3	7	8	1	9
9	8	4	1	6	2	3	7	5
1	3	7	9	5	8	6	2	4
8	4	1	3	2	5	7	9	6
7	5	3	6	9	1	2	4	8
2	6	9	7	8	4	5	3	1
3	9	2	8	4	6	1	5	7
5	1	8	2	7	9	4	6	3
4	7	6	5	1	3	9	8	2

Puzzle 338

4	7	5	3	8	9	1	6	2
1	2	8	5	6	4	3	7	9
3	9	6	1	2	7	4	5	8
2	6	1	9	3	8	5	4	7
8	5	4	2	7	6	9	3	1
9	3	7	4	5	1	2	8	6
5	8	9	6	1	3	7	2	4
6	4	2	7	9	5	8	1	3
7	1	3	8	4	2	6	9	5

Puzzle 339

2	9	4	5	3	1	8	7	6
8	6	3	4	7	2	1	9	5
5	1	7	8	9	6	3	4	2
9	5	6	2	8	3	7	1	4
4	7	1	6	5	9	2	3	8
3	2	8	1	4	7	6	5	9
6	3	2	9	1	5	4	8	7
1	4	9	7	6	8	5	2	3
7	8	5	3	2	4	9	6	1

Puzzle 340

4	2	1	9	8	7	5	3	6
5	6	9	4	2	3	8	7	1
3	7	8	6	1	5	2	4	9
7	4	6	2	5	9	3	1	8
8	9	3	1	4	6	7	2	5
2	1	5	3	7	8	9	6	4
9	3	7	8	6	1	4	5	2
6	5	4	7	9	2	1	8	3
1	8	2	5	3	4	6	9	7

Puzzle 341

6	1	5	7	4	2	9	8	3
9	8	2	6	3	1	5	7	4
4	3	7	8	5	9	2	6	1
8	9	4	3	7	6	1	2	5
7	2	1	5	9	8	3	4	6
3	5	6	1	2	4	8	9	7
5	7	8	2	6	3	4	1	9
1	6	9	4	8	5	7	3	2
2	4	3	9	1	7	6	5	8

Puzzle 342

4	5	1	6	3	2	7	9	8
9	8	3	5	7	4	1	6	2
6	2	7	8	9	1	3	4	5
7	1	4	2	6	3	8	5	9
5	9	6	1	4	8	2	3	7
8	3	2	7	5	9	6	1	4
3	4	8	9	2	6	5	7	1
1	6	5	4	8	7	9	2	3
2	7	9	3	1	5	4	8	6

Puzzle 343

9	7	4	3	2	1	8	6	5
3	8	6	5	4	7	9	1	2
5	2	1	9	8	6	7	3	4
1	4	3	8	9	5	6	2	7
8	5	7	6	1	2	3	4	9
2	6	9	7	3	4	5	8	1
7	1	5	4	6	8	2	9	3
6	3	2	1	7	9	4	5	8
4	9	8	2	5	3	1	7	6

Puzzle 344

8	4	9	7	2	3	1	6	5
5	6	2	9	1	8	7	3	4
1	7	3	6	4	5	2	8	9
9	8	7	5	6	4	3	1	2
3	1	6	2	7	9	4	5	8
2	5	4	8	3	1	9	7	6
4	3	8	1	5	2	6	9	7
6	9	1	4	8	7	5	2	3
7	2	5	3	9	6	8	4	1

Puzzle 345

2	6	7	3	9	8	1	5	4
4	8	3	7	1	5	6	2	9
9	1	5	2	4	6	8	3	7
7	5	8	4	6	9	2	1	3
3	2	4	8	7	1	5	9	6
6	9	1	5	3	2	4	7	8
1	3	9	6	5	4	7	8	2
8	7	6	1	2	3	9	4	5
5	4	2	9	8	7	3	6	1

Puzzle 346

3	1	8	2	9	6	7	4	5
5	4	7	3	8	1	2	6	9
2	6	9	4	7	5	3	1	8
8	5	2	9	1	3	6	7	4
4	3	6	7	5	2	8	9	1
9	7	1	8	6	4	5	3	2
6	2	5	1	4	7	9	8	3
1	9	3	6	2	8	4	5	7
7	8	4	5	3	9	1	2	6

Puzzle 347

2	6	8	1	3	5	4	7	9
7	9	1	2	4	8	5	3	6
3	5	4	9	7	6	8	2	1
9	7	2	3	6	4	1	5	8
4	1	5	8	2	7	6	9	3
8	3	6	5	1	9	2	4	7
5	2	3	7	8	1	9	6	4
6	8	7	4	9	2	3	1	5
1	4	9	6	5	3	7	8	2

Puzzle 348

7	2	6	5	3	8	4	1	9
1	5	3	2	4	9	8	7	6
8	4	9	1	6	7	5	3	2
2	6	7	8	1	4	9	5	3
3	9	8	7	5	2	6	4	1
5	1	4	3	9	6	2	8	7
4	3	2	9	8	1	7	6	5
6	7	5	4	2	3	1	9	8
9	8	1	6	7	5	3	2	4

Puzzle 349

7	3	2	9	4	5	6	1	8
9	5	6	7	8	1	4	2	3
8	1	4	3	6	2	5	9	7
4	8	5	6	2	3	1	7	9
2	9	3	1	7	4	8	5	6
6	7	1	5	9	8	3	4	2
3	2	7	4	1	6	9	8	5
5	4	8	2	3	9	7	6	1
1	6	9	8	5	7	2	3	4

Puzzle 350

3	4	6	9	8	7	2	1	5
5	2	9	6	1	3	4	8	7
8	7	1	5	2	4	9	3	6
7	1	3	8	4	5	6	9	2
9	5	2	3	7	6	1	4	8
6	8	4	2	9	1	5	7	3
4	9	5	7	6	8	3	2	1
1	3	8	4	5	2	7	6	9
2	6	7	1	3	9	8	5	4

Puzzle 351

7	3	1	2	5	6	8	4	9
9	2	6	4	8	3	5	7	1
5	8	4	9	1	7	6	2	3
6	5	3	1	9	2	4	8	7
4	7	8	6	3	5	1	9	2
2	1	9	8	7	4	3	5	6
8	4	2	7	6	1	9	3	5
3	6	7	5	4	9	2	1	8
1	9	5	3	2	8	7	6	4

Puzzle 352

4	5	7	9	3	6	2	8	1
6	8	2	7	4	1	5	9	3
1	9	3	8	2	5	4	7	6
2	7	5	6	9	4	3	1	8
3	1	6	2	5	8	9	4	7
8	4	9	1	7	3	6	2	5
9	3	8	5	1	2	7	6	4
7	6	4	3	8	9	1	5	2
5	2	1	4	6	7	8	3	9

Puzzle 353

4	1	3	9	2	8	6	7	5
2	7	8	6	5	4	3	9	1
9	5	6	1	7	3	2	8	4
1	8	9	7	3	6	4	5	2
3	2	4	8	9	5	1	6	7
7	6	5	4	1	2	9	3	8
6	9	7	5	4	1	8	2	3
8	3	1	2	6	7	5	4	9
5	4	2	3	8	9	7	1	6

Puzzle 354

Puzzle 355

4	7	8	5	1	3	6	2	9
9	5	2	6	8	7	3	1	4
6	3	1	4	9	2	8	7	5
2	1	9	8	6	5	7	4	3
3	4	5	1	7	9	2	8	6
8	6	7	3	2	4	5	9	1
5	2	3	7	4	1	9	6	8
1	9	6	2	5	8	4	3	7
7	8	4	9	3	6	1	5	2

Puzzle 356

2	4	7	6	9	5	1	3	8
3	8	5	1	4	2	7	6	9
9	1	6	8	7	3	2	5	4
5	6	9	2	1	4	8	7	3
4	3	8	7	6	9	5	2	1
7	2	1	3	5	8	4	9	6
6	5	2	4	3	1	9	8	7
8	7	4	9	2	6	3	1	5
1	9	3	5	8	7	6	4	2

Puzzle 357

2	3	8	9	5	6	1	4	7
9	7	6	3	1	4	5	8	2
4	1	5	2	7	8	9	6	3
7	4	9	8	3	1	2	5	6
3	5	1	6	2	7	8	9	4
6	8	2	4	9	5	3	7	1
5	2	4	7	8	3	6	1	9
8	6	3	1	4	9	7	2	5
1	9	7	5	6	2	4	3	8

Puzzle 358

9	1	5	6	8	3	4	7	2
4	8	3	2	7	9	1	5	6
2	7	6	5	1	4	3	9	8
7	3	8	1	5	2	9	6	4
6	2	9	8	4	7	5	3	1
1	5	4	3	9	6	2	8	7
5	6	1	9	2	8	7	4	3
8	9	7	4	3	1	6	2	5
3	4	2	7	6	5	8	1	9

Puzzle 359

9	1	2	6	3	7	8	4	5
8	5	4	1	2	9	6	7	3
3	7	6	5	4	8	9	1	2
1	3	7	2	5	6	4	8	9
2	8	9	4	7	1	3	5	6
4	6	5	9	8	3	1	2	7
6	2	1	7	9	4	5	3	8
7	9	8	3	1	5	2	6	4
5	4	3	8	6	2	7	9	1

Puzzle 360

1	6	2	7	4	3	5	8	9
8	5	3	9	1	6	4	2	7
9	4	7	5	8	2	1	3	6
2	8	6	1	5	4	9	7	3
5	9	1	2	3	7	6	4	8
7	3	4	6	9	8	2	5	1
4	2	9	3	7	1	8	6	5
3	1	8	4	6	5	7	9	2
6	7	5	8	2	9	3	1	4

Puzzle 361

7	4	2	1	8	6	9	3	5
6	9	8	5	3	4	2	1	7
5	1	3	2	7	9	6	8	4
2	6	7	4	5	3	8	9	1
1	5	9	6	2	8	4	7	3
8	3	4	9	1	7	5	2	6
4	2	1	3	9	5	7	6	8
3	7	5	8	6	2	1	4	9
9	8	6	7	4	1	3	5	2

Puzzle 362

2	8	5	3	6	7	4	9	1
3	1	4	9	8	5	7	6	2
6	7	9	1	4	2	8	5	3
5	6	1	8	9	4	3	2	7
7	3	8	2	5	6	1	4	9
4	9	2	7	1	3	6	8	5
1	2	6	4	3	9	5	7	8
8	4	7	5	2	1	9	3	6
9	5	3	6	7	8	2	1	4

9	5	6	7	8	2	1	3	4
3	7	1	4	5	9	8	6	2
2	8	4	6	1	3	9	7	5
6	4	7	3	9	5	2	8	1
5	1	3	8	2	6	4	9	7
8	2	9	1	7	4	6	5	3
1	3	8	9	4	7	5	2	6
7	9	5	2	6	1	3	4	8
4	6	2	5	3	8	7	1	9

Puzzle 363

8	3	4	7	6	5	9	2	1
2	1	5	8	4	9	3	6	7
9	6	7	2	3	1	5	4	8
3	9	2	1	8	6	7	5	4
5	8	1	4	2	7	6	9	3
7	4	6	9	5	3	1	8	2
6	2	3	5	7	8	4	1	9
4	5	9	3	1	2	8	7	6
1	7	8	6	9	4	2	3	5

Puzzle 364

2	4	7	5	8	3	9	1	6
5	3	1	6	9	4	2	8	7
9	8	6	1	7	2	4	3	5
6	9	3	7	1	8	5	2	4
1	2	5	4	3	6	8	7	9
8	7	4	2	5	9	1	6	3
7	5	2	3	4	1	6	9	8
4	6	9	8	2	7	3	5	1
3	1	8	9	6	5	7	4	2

Puzzle 365

6	4	8	1	9	7	5	3	2
2	1	7	3	8	5	4	9	6
9	3	5	2	4	6	8	1	7
7	8	6	4	5	1	9	2	3
1	2	4	9	3	8	6	7	5
3	5	9	7	6	2	1	8	4
8	6	1	5	2	3	7	4	9
5	9	2	8	7	4	3	6	1
4	7	3	6	1	9	2	5	8

Puzzle 366

5	1	2	8	3	6	9	4	7
7	3	9	2	1	4	8	6	5
8	6	4	7	9	5	2	1	3
6	9	7	5	2	1	3	8	4
3	5	8	4	6	7	1	2	9
4	2	1	9	8	3	7	5	6
2	8	3	6	5	9	4	7	1
1	7	5	3	4	8	6	9	2
9	4	6	1	7	2	5	3	8

Puzzle 367

4	3	2	8	5	7	9	1	6
6	7	8	4	9	1	2	3	5
1	5	9	6	2	3	4	7	8
3	1	5	2	4	8	6	9	7
9	6	7	1	3	5	8	2	4
8	2	4	7	6	9	1	5	3
5	4	3	9	1	6	7	8	2
7	9	6	3	8	2	5	4	1
2	8	1	5	7	4	3	6	9

Puzzle 368

4	8	5	2	1	3	6	9	7
7	2	6	4	9	8	5	3	1
1	9	3	5	7	6	8	4	2
8	7	4	6	3	5	2	1	9
6	1	9	8	2	7	4	5	3
5	3	2	9	4	1	7	8	6
3	6	1	7	5	4	9	2	8
2	5	7	1	8	9	3	6	4
9	4	8	3	6	2	1	7	5

Puzzle 369

7	2	5	9	4	3	1	8	6
8	3	1	6	5	2	9	7	4
6	4	9	1	8	7	3	2	5
4	9	3	8	6	5	7	1	2
1	5	8	2	7	4	6	9	3
2	7	6	3	1	9	5	4	8
5	8	4	7	9	6	2	3	1
3	1	7	5	2	8	4	6	9
9	6	2	4	3	1	8	5	7

Puzzle 370

5	9	6	3	8	4	2	1	7
1	7	8	6	5	2	4	9	3
4	3	2	9	7	1	5	8	6
2	8	3	7	6	9	1	4	5
7	1	9	5	4	3	8	6	2
6	5	4	2	1	8	3	7	9
9	4	7	1	3	5	6	2	8
8	6	5	4	2	7	9	3	1
3	2	1	8	9	6	7	5	4

Puzzle 371

5	9	3	7	1	2	8	6	4
8	6	2	5	9	4	7	1	3
1	7	4	8	3	6	9	2	5
3	5	6	1	7	9	4	8	2
4	1	8	6	2	5	3	9	7
9	2	7	3	4	8	1	5	6
7	4	5	2	8	1	6	3	9
2	3	1	9	6	7	5	4	8
6	8	9	4	5	3	2	7	1

Puzzle 372

2	7	4	9	1	3	5	8	6
8	9	6	2	4	5	1	3	7
5	1	3	7	6	8	4	9	2
1	2	9	5	7	4	3	6	8
7	6	8	1	3	9	2	4	5
3	4	5	8	2	6	7	1	9
9	8	2	3	5	1	6	7	4
4	3	7	6	8	2	9	5	1
6	5	1	4	9	7	8	2	3

Puzzle 373

3	8	1	2	9	7	6	4	5
7	4	6	8	1	5	9	2	3
9	2	5	3	6	4	1	7	8
6	9	7	4	3	8	5	1	2
2	5	8	1	7	9	4	3	6
1	3	4	5	2	6	8	9	7
8	7	3	9	5	1	2	6	4
5	6	9	7	4	2	3	8	1
4	1	2	6	8	3	7	5	9

Puzzle 374

5	4	6	2	8	7	1	3	9
3	8	9	4	5	1	7	6	2
2	7	1	9	3	6	8	4	5
6	9	7	1	2	5	4	8	3
4	3	2	6	9	8	5	7	1
1	5	8	7	4	3	2	9	6
9	1	3	8	7	2	6	5	4
8	6	4	5	1	9	3	2	7
7	2	5	3	6	4	9	1	8

Puzzle 375

5	9	8	7	2	4	1	3	6
2	6	1	5	3	9	7	8	4
3	4	7	6	8	1	9	2	5
9	3	4	8	6	7	5	1	2
1	7	2	9	5	3	4	6	8
8	5	6	1	4	2	3	7	9
6	2	3	4	1	5	8	9	7
4	8	9	3	7	6	2	5	1
7	1	5	2	9	8	6	4	3

Puzzle 376

4	2	6	9	5	7	1	3	8
8	9	3	4	6	1	5	2	7
5	1	7	3	2	8	4	6	9
3	4	9	6	7	5	2	8	1
2	5	1	8	3	9	6	7	4
7	6	8	1	4	2	3	9	5
9	3	4	5	8	6	7	1	2
1	7	5	2	9	3	8	4	6
6	8	2	7	1	4	9	5	3

Puzzle 377

8	7	5	4	2	6	1	3	9
2	4	1	8	3	9	6	5	7
6	9	3	1	7	5	2	4	8
4	6	7	9	1	3	8	2	5
5	8	2	7	6	4	9	1	3
1	3	9	5	8	2	4	7	6
3	2	4	6	5	8	7	9	1
9	1	6	3	4	7	5	8	2
7	5	8	2	9	1	3	6	4

Puzzle 378

7	2	5	4	1	9	8	6	3
3	6	9	7	8	2	4	5	1
8	1	4	3	5	6	7	9	2
2	9	6	1	7	3	5	8	4
1	4	3	5	9	8	6	2	7
5	7	8	2	6	4	3	1	9
9	3	2	8	4	5	1	7	6
6	5	7	9	3	1	2	4	8
4	8	1	6	2	7	9	3	5

Puzzle 379

8	3	6	4	1	9	7	5	2
1	2	7	8	6	5	4	3	9
9	5	4	3	7	2	1	8	6
4	8	1	6	5	7	2	9	3
5	9	3	1	2	8	6	7	4
6	7	2	9	3	4	8	1	5
3	4	9	7	8	6	5	2	1
7	1	5	2	4	3	9	6	8
2	6	8	5	9	1	3	4	7

Puzzle 380

7	1	3	5	8	4	6	2	9
9	2	4	3	1	6	5	7	8
5	8	6	9	2	7	3	4	1
4	7	2	6	3	9	8	1	5
6	5	8	7	4	1	2	9	3
1	3	9	8	5	2	4	6	7
2	4	5	1	9	3	7	8	6
3	9	7	4	6	8	1	5	2
8	6	1	2	7	5	9	3	4

Puzzle 381

2	4	7	6	9	1	3	8	5
8	1	9	4	5	3	2	6	7
3	5	6	8	2	7	9	1	4
1	7	8	9	3	6	4	5	2
6	2	5	7	8	4	1	9	3
9	3	4	2	1	5	8	7	6
5	9	1	3	6	2	7	4	8
4	6	3	1	7	8	5	2	9
7	8	2	5	4	9	6	3	1

Puzzle 382

Puzzle 383

1	7	6	9	5	3	4	8	2
2	5	9	1	8	4	3	6	7
3	8	4	6	7	2	9	5	1
5	6	1	7	9	8	2	3	4
7	9	2	3	4	6	5	1	8
8	4	3	2	1	5	6	7	9
4	1	5	8	6	9	7	2	3
6	2	8	4	3	7	1	9	5
9	3	7	5	2	1	8	4	6

Puzzle 384

4	9	3	8	2	5	7	1	6
6	2	7	9	3	1	5	4	8
8	1	5	6	4	7	9	3	2
7	6	8	1	9	4	3	2	5
2	5	9	7	8	3	4	6	1
3	4	1	5	6	2	8	9	7
9	8	4	2	5	6	1	7	3
1	3	2	4	7	8	6	5	9
5	7	6	3	1	9	2	8	4

Puzzle 385

6	1	5	3	9	8	2	7	4
4	3	2	7	6	5	9	8	1
7	8	9	1	2	4	3	6	5
3	6	1	4	7	2	5	9	8
9	2	8	5	3	1	7	4	6
5	4	7	9	8	6	1	3	2
8	5	3	6	1	9	4	2	7
2	7	4	8	5	3	6	1	9
1	9	6	2	4	7	8	5	3

Puzzle 386

9	3	8	6	7	1	2	4	5
2	1	5	4	8	9	3	6	7
7	6	4	5	3	2	1	8	9
4	8	3	2	1	5	7	9	6
1	9	7	3	6	4	5	2	8
5	2	6	7	9	8	4	3	1
3	5	1	8	4	6	9	7	2
8	7	9	1	2	3	6	5	4
6	4	2	9	5	7	8	1	3

3	4	1	5	9	7	2	6	8
8	6	2	4	3	1	5	7	9
5	9	7	2	6	8	4	1	3
1	5	9	3	8	6	7	4	2
7	2	8	1	4	5	9	3	6
4	3	6	7	2	9	8	5	1
2	8	3	6	7	4	1	9	5
9	1	4	8	5	3	6	2	7
6	7	5	9	1	2	3	8	4

Puzzle 387

4	9	8	5	1	6	7	2	3
6	5	7	3	2	9	8	4	1
1	3	2	7	8	4	6	9	5
9	1	4	8	5	7	2	3	6
2	8	5	6	9	3	1	7	4
7	6	3	1	4	2	5	8	9
8	2	9	4	6	1	3	5	7
5	7	6	9	3	8	4	1	2
3	4	1	2	7	5	9	6	8

Puzzle 388

9	6	7	3	4	2	5	1	8
5	4	2	1	8	9	6	7	3
8	3	1	7	6	5	2	4	9
7	2	6	4	9	1	3	8	5
3	5	8	2	7	6	4	9	1
1	9	4	8	5	3	7	2	6
2	8	3	5	1	4	9	6	7
6	1	5	9	2	7	8	3	4
4	7	9	6	3	8	1	5	2

Puzzle 389

2	8	7	4	1	5	9	3	6
6	5	1	3	2	9	7	8	4
9	3	4	8	6	7	5	1	2
1	2	5	7	3	6	8	4	9
8	9	6	1	5	4	2	7	3
7	4	3	9	8	2	1	6	5
5	1	2	6	7	3	4	9	8
4	6	8	2	9	1	3	5	7
3	7	9	5	4	8	6	2	1

Puzzle 390

Puzzle 391

2	7	8	5	9	4	1	6	3
5	3	4	1	6	2	8	7	9
9	1	6	3	7	8	4	5	2
1	5	3	4	2	9	6	8	7
6	8	9	7	5	1	3	2	4
4	2	7	8	3	6	9	1	5
7	6	1	2	4	3	5	9	8
3	9	5	6	8	7	2	4	1
8	4	2	9	1	5	7	3	6

Puzzle 392

7	4	9	2	3	8	5	6	1
5	6	8	9	1	4	2	3	7
2	3	1	5	7	6	4	8	9
1	5	4	3	9	2	6	7	8
9	8	3	6	5	7	1	2	4
6	2	7	4	8	1	3	9	5
4	9	2	8	6	5	7	1	3
3	1	6	7	4	9	8	5	2
8	7	5	1	2	3	9	4	6

Puzzle 393

7	5	2	8	9	3	4	1	6
4	3	6	1	5	7	8	9	2
8	9	1	2	6	4	7	5	3
1	2	3	5	7	9	6	8	4
6	7	9	4	1	8	2	3	5
5	4	8	6	3	2	1	7	9
9	8	5	7	4	6	3	2	1
2	1	4	3	8	5	9	6	7
3	6	7	9	2	1	5	4	8

Puzzle 394

7	2	3	5	1	4	8	9	6
6	4	9	7	8	3	2	5	1
5	8	1	6	9	2	4	7	3
4	3	7	1	2	6	9	8	5
8	5	6	4	7	9	3	1	2
1	9	2	8	3	5	6	4	7
3	6	5	9	4	1	7	2	8
9	1	8	2	6	7	5	3	4
2	7	4	3	5	8	1	6	9

7	2	6	8	4	9	3	5	1
5	9	3	6	2	1	7	4	8
4	1	8	5	3	7	6	9	2
9	6	7	2	1	4	8	3	5
2	8	5	9	6	3	4	1	7
3	4	1	7	8	5	2	6	9
8	3	2	1	9	6	5	7	4
1	7	4	3	5	2	9	8	6
6	5	9	4	7	8	1	2	3

Puzzle 395

3	4	9	8	6	5	1	2	7
1	5	8	2	9	7	3	4	6
6	2	7	1	4	3	8	5	9
8	3	4	9	7	1	5	6	2
2	9	1	4	5	6	7	8	3
7	6	5	3	2	8	9	1	4
4	8	3	6	1	9	2	7	5
9	7	2	5	8	4	6	3	1
5	1	6	7	3	2	4	9	8

Puzzle 396

8	6	1	5	7	3	4	2	9
4	2	7	6	9	8	5	3	1
5	9	3	2	1	4	8	6	7
6	5	2	1	3	7	9	4	8
9	3	4	8	6	5	1	7	2
1	7	8	9	4	2	6	5	3
3	8	5	4	2	1	7	9	6
7	4	6	3	8	9	2	1	5
2	1	9	7	5	6	3	8	4

Puzzle 397

6	3	9	7	4	1	2	8	5
5	1	8	2	3	6	9	7	4
2	7	4	5	8	9	6	3	1
1	4	6	9	2	3	8	5	7
8	5	3	6	1	7	4	2	9
9	2	7	4	5	8	1	6	3
7	9	2	3	6	4	5	1	8
3	8	5	1	9	2	7	4	6
4	6	1	8	7	5	3	9	2

Puzzle 398

Puzzle 399

4	3	5	9	8	7	6	1	2
6	2	8	3	1	5	4	7	9
9	1	7	6	2	4	8	3	5
8	5	9	1	7	2	3	6	4
7	4	3	8	6	9	5	2	1
2	6	1	4	5	3	9	8	7
3	8	2	5	9	1	7	4	6
5	7	6	2	4	8	1	9	3
1	9	4	7	3	6	2	5	8

Puzzle 400

2	7	1	3	9	5	8	4	6
4	6	8	1	2	7	9	3	5
5	3	9	6	4	8	2	7	1
8	1	6	2	3	4	5	9	7
3	4	2	5	7	9	6	1	8
9	5	7	8	6	1	4	2	3
6	8	4	7	1	2	3	5	9
1	9	5	4	8	3	7	6	2
7	2	3	9	5	6	1	8	4

Puzzle 401

8	2	1	9	7	4	5	3	6
3	5	6	2	8	1	9	4	7
4	9	7	3	6	5	1	8	2
9	4	2	7	5	6	8	1	3
5	7	3	1	9	8	2	6	4
6	1	8	4	2	3	7	9	5
7	6	9	8	4	2	3	5	1
1	8	5	6	3	7	4	2	9
2	3	4	5	1	9	6	7	8

Puzzle 402

2	6	3	9	4	7	5	1	8
1	5	8	3	2	6	4	9	7
9	7	4	5	1	8	3	6	2
7	3	5	8	6	2	1	4	9
4	9	1	7	3	5	8	2	6
6	8	2	4	9	1	7	3	5
5	1	9	6	7	4	2	8	3
8	2	6	1	5	3	9	7	4
3	4	7	2	8	9	6	5	1

6	7	3	4	1	5	8	2	9
5	4	8	9	3	2	7	6	1
1	9	2	7	8	6	5	4	3
9	6	4	5	7	1	2	3	8
8	2	1	3	6	4	9	5	7
3	5	7	2	9	8	4	1	6
7	3	5	1	2	9	6	8	4
4	8	9	6	5	3	1	7	2
2	1	6	8	4	7	3	9	5

Puzzle 403

3	4	1	8	5	6	7	2	9
9	7	6	2	4	3	8	5	1
8	2	5	7	9	1	6	4	3
5	1	9	4	8	7	2	3	6
7	6	3	9	1	2	5	8	4
2	8	4	3	6	5	9	1	7
6	9	2	1	3	8	4	7	5
1	5	7	6	2	4	3	9	8
4	3	8	5	7	9	1	6	2

Puzzle 404

5	2	9	3	7	1	4	6	8
6	4	3	2	8	5	7	1	9
7	1	8	4	6	9	2	5	3
8	5	4	7	1	3	9	2	6
9	7	2	6	4	8	5	3	1
3	6	1	5	9	2	8	4	7
2	9	6	1	5	7	3	8	4
1	8	5	9	3	4	6	7	2
4	3	7	8	2	6	1	9	5

Puzzle 405

3	6	9	4	2	5	7	1	8
7	5	1	8	3	6	9	4	2
8	2	4	1	9	7	5	3	6
2	1	3	6	5	8	4	9	7
4	7	5	9	1	2	8	6	3
6	9	8	3	7	4	1	2	5
1	3	6	7	8	9	2	5	4
9	8	2	5	4	3	6	7	1
5	4	7	2	6	1	3	8	9

Puzzle 406

2	5	3	9	1	4	6	8	7
7	1	4	6	2	8	5	9	3
6	9	8	5	3	7	2	4	1
9	3	5	8	7	6	1	2	4
8	7	1	4	9	2	3	6	5
4	6	2	1	5	3	8	7	9
5	2	7	3	6	9	4	1	8
3	4	6	7	8	1	9	5	2
1	8	9	2	4	5	7	3	6

Puzzle 407

3	1	4	9	8	6	2	7	5
9	7	5	4	2	3	1	6	8
8	2	6	7	1	5	3	9	4
2	9	3	5	7	1	8	4	6
4	6	7	3	9	8	5	2	1
5	8	1	6	4	2	7	3	9
6	3	2	8	5	9	4	1	7
7	5	9	1	3	4	6	8	2
1	4	8	2	6	7	9	5	3

Puzzle 408

7	8	1	4	6	5	2	3	9
4	3	2	7	1	9	5	6	8
5	9	6	2	8	3	7	4	1
9	5	8	6	4	2	3	1	7
3	2	7	5	9	1	6	8	4
1	6	4	8	3	7	9	2	5
6	7	5	1	2	4	8	9	3
8	1	3	9	7	6	4	5	2
2	4	9	3	5	8	1	7	6

Puzzle 409

5	6	4	3	8	2	1	7	9
8	3	7	4	1	9	6	2	5
2	9	1	7	6	5	4	8	3
7	2	5	9	4	3	8	6	1
9	1	6	2	7	8	5	3	4
3	4	8	6	5	1	2	9	7
6	8	3	5	9	4	7	1	2
1	5	2	8	3	7	9	4	6
4	7	9	1	2	6	3	5	8

Puzzle 410

3	6	9	7	8	2	1	4	5
4	1	8	3	6	5	7	9	2
7	2	5	1	9	4	8	3	6
5	8	7	6	3	9	2	1	4
6	9	2	8	4	1	5	7	3
1	4	3	5	2	7	6	8	9
8	7	6	9	5	3	4	2	1
2	3	1	4	7	6	9	5	8
9	5	4	2	1	8	3	6	7

Puzzle 411

1	2	3	7	9	6	5	4	8
7	5	8	2	3	4	1	9	6
6	9	4	5	1	8	2	7	3
9	1	5	8	6	2	7	3	4
4	7	6	3	5	9	8	2	1
8	3	2	4	7	1	6	5	9
5	6	1	9	2	3	4	8	7
3	8	7	1	4	5	9	6	2
2	4	9	6	8	7	3	1	5

Puzzle 412

7	9	4	2	5	1	3	8	6
1	6	5	8	3	4	9	7	2
3	2	8	7	6	9	4	1	5
9	8	7	6	2	3	5	4	1
4	3	2	1	9	5	8	6	7
5	1	6	4	8	7	2	9	3
6	5	3	9	1	8	7	2	4
2	4	9	5	7	6	1	3	8
8	7	1	3	4	2	6	5	9

Puzzle 413

8	4	3	5	1	2	9	7	6
5	6	2	7	9	8	3	4	1
9	1	7	4	3	6	5	8	2
2	3	1	8	6	5	7	9	4
4	5	9	1	7	3	6	2	8
6	7	8	9	2	4	1	3	5
7	8	4	6	5	9	2	1	3
3	9	6	2	4	1	8	5	7
1	2	5	3	8	7	4	6	9

Puzzle 414

Puzzle 415

2	1	9	6	3	8	4	7	5
4	5	6	7	1	2	3	8	9
3	7	8	5	4	9	2	1	6
1	6	3	4	9	7	5	2	8
9	4	5	8	2	1	6	3	7
7	8	2	3	5	6	1	9	4
6	3	7	1	8	5	9	4	2
5	2	4	9	7	3	8	6	1
8	9	1	2	6	4	7	5	3

Puzzle 416

7	5	9	6	1	3	2	8	4
1	8	4	5	7	2	9	6	3
2	6	3	9	4	8	5	7	1
8	7	6	2	3	1	4	5	9
5	4	1	7	8	9	6	3	2
3	9	2	4	5	6	7	1	8
6	1	5	8	2	4	3	9	7
4	3	7	1	9	5	8	2	6
9	2	8	3	6	7	1	4	5

Puzzle 417

8	9	3	4	1	2	5	7	6
6	1	7	5	3	8	2	4	9
5	2	4	7	6	9	8	3	1
4	3	8	1	9	5	7	6	2
7	5	2	6	4	3	1	9	8
1	6	9	8	2	7	3	5	4
2	4	6	3	5	1	9	8	7
3	7	1	9	8	4	6	2	5
9	8	5	2	7	6	4	1	3

Puzzle 418

5	1	7	9	6	4	3	2	8
6	4	2	8	3	5	7	1	9
3	8	9	1	7	2	4	6	5
7	3	6	4	1	9	8	5	2
1	5	8	7	2	6	9	4	3
2	9	4	3	5	8	1	7	6
4	6	1	2	9	3	5	8	7
8	2	3	5	4	7	6	9	1
9	7	5	6	8	1	2	3	4

3	8	5	6	2	7	9	4	1
4	2	9	5	8	1	7	3	6
6	1	7	9	3	4	2	5	8
7	9	1	3	5	8	6	2	4
5	4	6	1	7	2	8	9	3
2	3	8	4	6	9	1	7	5
8	5	3	2	9	6	4	1	7
9	7	4	8	1	3	5	6	2
1	6	2	7	4	5	3	8	9

Puzzle 419

7	5	4	3	8	9	1	2	6
8	6	9	2	1	5	3	7	4
1	3	2	4	7	6	9	8	5
4	9	7	5	2	1	8	6	3
5	8	6	9	3	7	4	1	2
2	1	3	8	6	4	5	9	7
9	7	1	6	5	3	2	4	8
6	2	5	1	4	8	7	3	9
3	4	8	7	9	2	6	5	1

Puzzle 420

9	2	6	8	1	4	5	7	3
3	5	7	2	9	6	8	1	4
8	1	4	7	3	5	6	2	9
2	4	9	1	5	8	7	3	6
6	3	1	9	4	7	2	8	5
7	8	5	6	2	3	9	4	1
4	9	3	5	8	2	1	6	7
5	6	8	4	7	1	3	9	2
1	7	2	3	6	9	4	5	8

Puzzle 421

9	5	2	1	8	4	6	3	7
1	6	7	3	2	5	8	4	9
3	4	8	6	9	7	5	1	2
7	1	9	2	6	8	3	5	4
5	8	4	7	1	3	9	2	6
2	3	6	5	4	9	1	7	8
4	2	1	9	5	6	7	8	3
8	9	3	4	7	1	2	6	5
6	7	5	8	3	2	4	9	1

Puzzle 422

6	9	2	5	8	4	1	7	3
7	3	1	6	2	9	4	8	5
4	5	8	1	3	7	6	2	9
3	6	5	4	9	8	2	1	7
9	8	7	2	5	1	3	4	6
1	2	4	7	6	3	9	5	8
8	7	3	9	1	2	5	6	4
5	1	9	8	4	6	7	3	2
2	4	6	3	7	5	8	9	1

Puzzle 423

7	1	3	8	9	2	5	6	4
4	2	8	6	5	7	9	3	1
5	9	6	3	4	1	2	7	8
9	4	7	2	1	8	3	5	6
8	6	1	7	3	5	4	9	2
3	5	2	9	6	4	8	1	7
2	3	9	1	8	6	7	4	5
1	8	5	4	7	3	6	2	9
6	7	4	5	2	9	1	8	3

Puzzle 424

4	3	1	2	9	7	5	6	8
6	7	5	3	8	1	4	9	2
2	8	9	5	6	4	3	1	7
7	6	4	8	5	3	9	2	1
3	1	8	7	2	9	6	4	5
9	5	2	4	1	6	7	8	3
1	4	7	6	3	8	2	5	9
8	2	6	9	7	5	1	3	4
5	9	3	1	4	2	8	7	6

Puzzle 425

5	9	3	2	4	6	1	8	7
1	7	4	8	5	3	2	9	6
6	2	8	1	9	7	5	4	3
3	5	1	7	6	4	9	2	8
2	6	9	5	8	1	7	3	4
8	4	7	3	2	9	6	5	1
4	3	2	6	1	5	8	7	9
7	8	6	9	3	2	4	1	5
9	1	5	4	7	8	3	6	2

Puzzle 426

5	4	9	3	6	2	7	1	8
1	7	6	4	8	9	3	2	5
2	8	3	7	1	5	9	4	6
9	2	8	5	4	3	6	7	1
4	6	7	1	9	8	2	5	3
3	5	1	6	2	7	8	9	4
8	3	5	2	7	4	1	6	9
6	9	2	8	5	1	4	3	7
7	1	4	9	3	6	5	8	2

Puzzle 427

8	4	7	2	3	9	1	6	5
1	9	6	4	7	5	2	8	3
5	2	3	8	6	1	4	7	9
6	8	1	9	2	7	5	3	4
2	7	4	5	8	3	9	1	6
3	5	9	1	4	6	7	2	8
7	6	2	3	9	4	8	5	1
4	1	8	6	5	2	3	9	7
9	3	5	7	1	8	6	4	2

Puzzle 428

2	4	9	6	7	1	3	5	8
1	3	8	2	4	5	6	7	9
5	7	6	3	8	9	1	4	2
8	6	2	4	5	7	9	3	1
9	5	3	1	2	8	7	6	4
7	1	4	9	3	6	2	8	5
4	2	1	5	6	3	8	9	7
6	9	7	8	1	4	5	2	3
3	8	5	7	9	2	4	1	6

Puzzle 429

9	6	8	1	5	2	4	7	3
3	4	2	6	7	9	8	5	1
5	1	7	4	8	3	2	9	6
4	2	6	7	1	5	3	8	9
8	5	9	3	4	6	1	2	7
7	3	1	9	2	8	5	6	4
2	7	3	5	9	1	6	4	8
6	8	4	2	3	7	9	1	5
1	9	5	8	6	4	7	3	2

Puzzle 430

5	3	4	2	9	8	1	7	6
6	2	1	7	3	4	9	8	5
7	9	8	6	5	1	4	2	3
8	6	3	5	2	9	7	1	4
9	7	5	4	1	6	8	3	2
1	4	2	8	7	3	6	5	9
4	8	7	3	6	2	5	9	1
3	1	6	9	8	5	2	4	7
2	5	9	1	4	7	3	6	8

Puzzle 431

2	6	3	8	7	1	4	9	5
9	8	7	4	2	5	3	1	6
4	1	5	6	9	3	7	2	8
7	3	1	5	6	9	2	8	4
6	2	8	7	3	4	9	5	1
5	9	4	2	1	8	6	3	7
1	7	2	9	8	6	5	4	3
3	5	6	1	4	2	8	7	9
8	4	9	3	5	7	1	6	2

Puzzle 432

6	3	1	7	9	5	4	8	2
9	8	5	1	4	2	6	3	7
4	2	7	8	6	3	5	9	1
3	1	2	4	7	8	9	5	6
5	9	6	2	3	1	8	7	4
8	7	4	6	5	9	2	1	3
2	6	8	9	1	7	3	4	5
1	4	3	5	8	6	7	2	9
7	5	9	3	2	4	1	6	8

Puzzle 433

9	4	2	1	6	3	7	5	8
3	7	5	2	8	4	6	1	9
8	1	6	7	5	9	2	4	3
5	3	7	9	1	6	8	2	4
4	6	8	3	2	5	1	9	7
2	9	1	4	7	8	3	6	5
7	2	9	8	4	1	5	3	6
1	5	3	6	9	7	4	8	2
6	8	4	5	3	2	9	7	1

Puzzle 434

8	4	7	6	5	9	2	3	1
9	6	3	1	2	7	4	5	8
5	1	2	4	3	8	7	6	9
2	8	9	5	7	1	3	4	6
4	5	1	3	8	6	9	7	2
3	7	6	2	9	4	8	1	5
1	3	8	9	4	5	6	2	7
7	2	5	8	6	3	1	9	4
6	9	4	7	1	2	5	8	3

Puzzle 435

2	5	9	1	6	8	4	7	3
4	6	8	7	3	2	5	1	9
7	3	1	4	5	9	8	2	6
3	1	7	5	4	6	2	9	8
6	8	5	2	9	7	3	4	1
9	2	4	3	8	1	6	5	7
5	7	2	8	1	3	9	6	4
1	9	3	6	2	4	7	8	5
8	4	6	9	7	5	1	3	2

Puzzle 436

2	7	6	3	9	1	5	8	4
9	8	1	6	4	5	2	7	3
5	3	4	2	8	7	1	9	6
7	9	8	1	3	6	4	5	2
4	1	2	9	5	8	3	6	7
6	5	3	4	7	2	8	1	9
1	2	7	8	6	3	9	4	5
8	4	5	7	2	9	6	3	1
3	6	9	5	1	4	7	2	8

Puzzle 437

6	8	7	1	3	5	2	4	9
4	9	1	7	6	2	3	5	8
2	5	3	9	4	8	1	7	6
9	3	8	5	7	1	4	6	2
5	4	2	6	8	9	7	1	3
7	1	6	4	2	3	8	9	5
3	6	9	2	1	7	5	8	4
8	7	5	3	9	4	6	2	1
1	2	4	8	5	6	9	3	7

Puzzle 438

5	1	4	6	2	3	9	8	7
8	2	6	9	7	4	3	1	5
9	3	7	8	1	5	6	4	2
4	5	9	2	8	7	1	3	6
7	6	1	4	3	9	2	5	8
3	8	2	5	6	1	4	7	9
1	9	3	7	5	2	8	6	4
2	7	8	3	4	6	5	9	1
6	4	5	1	9	8	7	2	3

Puzzle 439

6	4	3	9	7	8	5	2	1
2	7	1	4	5	3	9	8	6
9	8	5	6	2	1	7	3	4
8	3	7	1	6	9	4	5	2
5	2	6	8	4	7	1	9	3
4	1	9	2	3	5	8	6	7
7	6	4	5	8	2	3	1	9
3	9	8	7	1	6	2	4	5
1	5	2	3	9	4	6	7	8

Puzzle 440

6	3	7	4	5	1	2	8	9
8	4	9	2	7	3	6	5	1
2	1	5	9	6	8	3	4	7
4	9	6	3	8	2	7	1	5
1	5	8	7	4	6	9	3	2
7	2	3	1	9	5	8	6	4
5	8	1	6	2	7	4	9	3
3	7	4	8	1	9	5	2	6
9	6	2	5	3	4	1	7	8

Puzzle 441

1	3	5	4	7	6	2	9	8
6	9	2	5	3	8	4	7	1
8	4	7	1	2	9	6	5	3
5	6	4	8	9	1	7	3	2
7	1	3	2	4	5	9	8	6
2	8	9	7	6	3	1	4	5
4	5	6	3	1	7	8	2	9
9	7	8	6	5	2	3	1	4
3	2	1	9	8	4	5	6	7

Puzzle 442

8	4	7	3	9	6	1	5	2
5	3	2	8	4	1	9	6	7
1	9	6	7	2	5	4	8	3
3	2	1	9	7	8	5	4	6
9	6	5	4	1	3	2	7	8
7	8	4	6	5	2	3	9	1
2	5	9	1	6	7	8	3	4
4	7	8	2	3	9	6	1	5
6	1	3	5	8	4	7	2	9

Puzzle 443

5	1	3	2	6	8	4	9	7
6	7	9	3	4	1	2	5	8
4	2	8	7	5	9	1	3	6
1	9	6	8	7	4	3	2	5
3	5	2	9	1	6	7	8	4
8	4	7	5	2	3	6	1	9
7	3	5	4	8	2	9	6	1
2	6	4	1	9	5	8	7	3
9	8	1	6	3	7	5	4	2

Puzzle 444

7	2	5	1	8	4	3	9	6
8	3	4	6	9	2	1	5	7
9	1	6	3	5	7	4	2	8
1	5	7	4	6	9	8	3	2
2	9	3	5	1	8	6	7	4
4	6	8	7	2	3	9	1	5
5	4	9	8	7	1	2	6	3
6	8	2	9	3	5	7	4	1
3	7	1	2	4	6	5	8	9

Puzzle 445

6	5	3	7	1	2	9	8	4
7	4	8	5	9	3	1	6	2
9	2	1	4	8	6	3	5	7
1	6	2	3	7	4	5	9	8
5	8	4	6	2	9	7	3	1
3	9	7	1	5	8	4	2	6
4	7	6	8	3	5	2	1	9
2	1	5	9	6	7	8	4	3
8	3	9	2	4	1	6	7	5

Puzzle 446

4	1	6	7	8	9	3	5	2
3	7	2	4	5	1	8	9	6
5	8	9	2	3	6	4	7	1
1	4	8	6	7	5	2	3	9
2	9	5	3	1	4	6	8	7
6	3	7	8	9	2	1	4	5
7	2	1	9	4	3	5	6	8
8	5	3	1	6	7	9	2	4
9	6	4	5	2	8	7	1	3

Puzzle 447

6	7	4	2	3	1	8	9	5
8	9	1	5	4	6	2	3	7
3	2	5	8	9	7	4	1	6
9	3	2	1	7	5	6	4	8
4	8	7	6	2	3	9	5	1
5	1	6	9	8	4	7	2	3
2	6	9	3	5	8	1	7	4
1	4	3	7	6	2	5	8	9
7	5	8	4	1	9	3	6	2

Puzzle 448

5	1	6	9	8	3	7	4	2
9	7	3	2	4	1	8	6	5
8	4	2	6	7	5	1	9	3
1	5	8	7	9	4	2	3	6
3	2	4	8	5	6	9	1	7
7	6	9	3	1	2	5	8	4
2	8	5	4	3	9	6	7	1
6	3	7	1	2	8	4	5	9
4	9	1	5	6	7	3	2	8

Puzzle 449

2	3	5	9	4	6	8	1	7
1	9	6	8	7	3	4	5	2
8	4	7	2	1	5	9	6	3
4	7	3	1	8	9	5	2	6
6	2	8	7	5	4	3	9	1
9	5	1	6	3	2	7	4	8
3	6	4	5	2	7	1	8	9
5	8	2	3	9	1	6	7	4
7	1	9	4	6	8	2	3	5

Puzzle 450

Puzzle 451

9	2	1	6	8	4	3	7	5
5	4	7	1	9	3	8	6	2
8	3	6	2	7	5	1	4	9
7	8	3	9	1	2	4	5	6
1	5	9	4	3	6	2	8	7
4	6	2	7	5	8	9	3	1
2	7	5	3	4	9	6	1	8
6	1	4	8	2	7	5	9	3
3	9	8	5	6	1	7	2	4

Puzzle 452

7	8	6	3	9	2	1	4	5
5	2	4	7	8	1	6	9	3
3	1	9	6	4	5	8	2	7
2	4	1	5	6	7	3	8	9
9	3	5	1	2	8	4	7	6
8	6	7	9	3	4	5	1	2
1	7	8	2	5	3	9	6	4
6	5	2	4	1	9	7	3	8
4	9	3	8	7	6	2	5	1

Puzzle 453

9	8	6	3	2	4	5	1	7
7	5	3	1	9	8	2	4	6
2	4	1	6	7	5	9	3	8
6	3	2	8	1	9	7	5	4
8	7	5	4	6	2	1	9	3
4	1	9	5	3	7	8	6	2
5	9	4	7	8	3	6	2	1
3	6	7	2	5	1	4	8	9
1	2	8	9	4	6	3	7	5

Puzzle 454

6	9	3	1	2	8	7	4	5
5	2	7	3	9	4	6	1	8
8	1	4	5	6	7	2	9	3
3	8	2	4	1	6	5	7	9
9	7	1	2	3	5	4	8	6
4	6	5	8	7	9	3	2	1
1	4	8	7	5	3	9	6	2
7	5	6	9	8	2	1	3	4
2	3	9	6	4	1	8	5	7

2	7	8	3	4	9	5	1	6
6	5	1	2	7	8	3	9	4
4	3	9	1	5	6	7	2	8
8	6	5	7	2	4	1	3	9
9	2	7	8	3	1	4	6	5
3	1	4	6	9	5	2	8	7
7	4	2	9	8	3	6	5	1
5	8	6	4	1	2	9	7	3
1	9	3	5	6	7	8	4	2

Puzzle 455

5	2	1	9	8	6	7	3	4
3	6	4	1	7	2	8	5	9
8	7	9	3	5	4	6	2	1
9	3	2	7	4	5	1	6	8
4	8	6	2	1	3	9	7	5
1	5	7	6	9	8	2	4	3
6	4	5	8	2	1	3	9	7
7	1	3	5	6	9	4	8	2
2	9	8	4	3	7	5	1	6

Puzzle 456

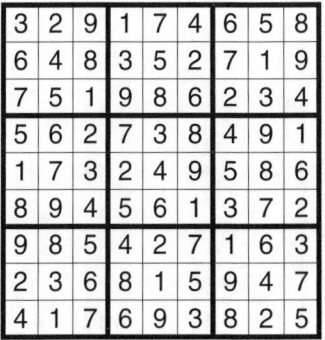

3	2	9	1	7	4	6	5	8
6	4	8	3	5	2	7	1	9
7	5	1	9	8	6	2	3	4
5	6	2	7	3	8	4	9	1
1	7	3	2	4	9	5	8	6
8	9	4	5	6	1	3	7	2
9	8	5	4	2	7	1	6	3
2	3	6	8	1	5	9	4	7
4	1	7	6	9	3	8	2	5

Puzzle 457

2	9	3	4	1	8	6	5	7
6	1	4	5	9	7	3	2	8
7	5	8	2	6	3	9	4	1
3	4	9	6	7	1	5	8	2
8	2	1	9	4	5	7	3	6
5	7	6	8	3	2	1	9	4
4	3	5	7	2	6	8	1	9
1	6	2	3	8	9	4	7	5
9	8	7	1	5	4	2	6	3

Puzzle 458

Puzzle 459

6	3	9	7	4	5	1	2	8
5	1	2	9	3	8	6	7	4
4	7	8	6	2	1	9	3	5
2	9	6	5	1	4	7	8	3
8	5	7	3	9	6	4	1	2
1	4	3	2	8	7	5	9	6
9	6	5	8	7	2	3	4	1
3	2	4	1	6	9	8	5	7
7	8	1	4	5	3	2	6	9

Puzzle 460

5	7	8	1	2	6	3	4	9
9	2	3	5	7	4	8	1	6
4	6	1	9	3	8	7	2	5
1	5	7	8	6	9	2	3	4
3	9	2	4	5	7	6	8	1
8	4	6	2	1	3	9	5	7
6	8	9	3	4	5	1	7	2
2	3	5	7	9	1	4	6	8
7	1	4	6	8	2	5	9	3

Puzzle 461

8	3	1	4	6	5	9	7	2
4	9	7	2	8	1	5	3	6
5	6	2	7	9	3	1	4	8
1	5	6	8	2	7	3	9	4
3	4	8	6	1	9	2	5	7
2	7	9	5	3	4	8	6	1
6	1	4	3	5	8	7	2	9
7	8	5	9	4	2	6	1	3
9	2	3	1	7	6	4	8	5

Puzzle 462

2	5	1	8	9	7	3	6	4
3	7	6	1	2	4	9	5	8
8	4	9	6	3	5	1	7	2
9	8	5	4	6	1	2	3	7
1	3	2	7	5	9	4	8	6
4	6	7	2	8	3	5	9	1
5	2	4	3	7	6	8	1	9
6	9	8	5	1	2	7	4	3
7	1	3	9	4	8	6	2	5

1	6	9	2	5	3	4	7	8
7	5	8	4	6	1	2	9	3
2	3	4	9	8	7	1	6	5
4	7	6	5	2	8	9	3	1
5	9	1	7	3	4	8	2	6
3	8	2	6	1	9	7	5	4
8	1	7	3	9	5	6	4	2
9	2	3	8	4	6	5	1	7
6	4	5	1	7	2	3	8	9

Puzzle 463

6	7	5	1	2	9	4	3	8
9	1	3	4	7	8	6	2	5
8	4	2	5	6	3	7	1	9
5	8	7	3	9	2	1	4	6
3	9	4	6	8	1	2	5	7
2	6	1	7	4	5	8	9	3
7	2	6	9	5	4	3	8	1
1	5	8	2	3	7	9	6	4
4	3	9	8	1	6	5	7	2

Puzzle 464

2	8	6	7	4	3	5	1	9
5	1	9	6	8	2	4	3	7
4	3	7	1	9	5	2	6	8
3	7	1	2	5	4	9	8	6
8	6	5	3	7	9	1	4	2
9	4	2	8	6	1	3	7	5
6	5	4	9	3	7	8	2	1
1	9	8	4	2	6	7	5	3
7	2	3	5	1	8	6	9	4

Puzzle 465

3	8	6	2	7	4	1	9	5
2	9	5	1	6	3	4	7	8
4	1	7	5	9	8	6	3	2
6	7	4	9	8	2	3	5	1
9	2	1	4	3	5	8	6	7
5	3	8	7	1	6	2	4	9
8	4	9	6	2	7	5	1	3
1	5	3	8	4	9	7	2	6
7	6	2	3	5	1	9	8	4

Puzzle 466

7	3	8	5	9	2	4	6	1
1	4	6	7	8	3	2	5	9
9	2	5	6	1	4	3	7	8
4	1	2	8	5	7	9	3	6
5	6	9	2	3	1	7	8	4
8	7	3	4	6	9	1	2	5
2	8	1	3	4	6	5	9	7
6	9	7	1	2	5	8	4	3
3	5	4	9	7	8	6	1	2

Puzzle 467

2	3	1	9	5	8	6	4	7
7	6	8	2	4	3	9	1	5
9	4	5	6	1	7	8	2	3
8	2	4	1	6	5	3	7	9
3	7	9	8	2	4	5	6	1
5	1	6	3	7	9	2	8	4
6	8	3	4	9	1	7	5	2
4	9	7	5	8	2	1	3	6
1	5	2	7	3	6	4	9	8

Puzzle 468

4	1	6	9	2	7	3	8	5
7	3	5	1	6	8	2	9	4
9	2	8	4	5	3	7	1	6
3	5	9	6	8	1	4	2	7
2	6	1	7	4	9	5	3	8
8	4	7	5	3	2	9	6	1
5	7	3	2	1	6	8	4	9
6	9	2	8	7	4	1	5	3
1	8	4	3	9	5	6	7	2

Puzzle 469

1	6	9	8	2	5	7	4	3
8	2	7	3	4	6	1	5	9
3	5	4	7	1	9	8	2	6
5	9	1	6	3	4	2	8	7
2	7	3	1	5	8	6	9	4
6	4	8	9	7	2	3	1	5
4	1	6	5	8	3	9	7	2
9	8	5	2	6	7	4	3	1
7	3	2	4	9	1	5	6	8

Puzzle 470

9	1	8	4	5	2	7	3	6
5	4	6	7	1	3	8	2	9
3	2	7	6	8	9	4	1	5
2	8	1	5	7	4	9	6	3
6	3	9	8	2	1	5	7	4
7	5	4	9	3	6	1	8	2
8	6	5	2	9	7	3	4	1
1	9	2	3	4	8	6	5	7
4	7	3	1	6	5	2	9	8

Puzzle 471

3	9	7	5	8	2	4	6	1
2	5	4	1	6	7	3	8	9
8	1	6	3	9	4	2	5	7
7	3	8	9	1	5	6	2	4
4	2	1	7	3	6	8	9	5
9	6	5	2	4	8	7	1	3
1	7	3	6	2	9	5	4	8
6	4	9	8	5	3	1	7	2
5	8	2	4	7	1	9	3	6

Puzzle 472

5	9	2	3	8	1	7	6	4
4	6	3	7	9	5	1	8	2
1	8	7	2	4	6	3	5	9
8	2	5	6	1	7	9	4	3
6	3	1	9	2	4	8	7	5
9	7	4	5	3	8	2	1	6
3	5	8	1	6	9	4	2	7
2	1	6	4	7	3	5	9	8
7	4	9	8	5	2	6	3	1

Puzzle 473

4	6	5	1	2	8	7	3	9
3	9	7	4	6	5	1	2	8
2	8	1	7	3	9	4	5	6
9	3	6	5	4	1	8	7	2
1	5	4	8	7	2	6	9	3
7	2	8	3	9	6	5	1	4
5	7	9	6	8	3	2	4	1
8	4	2	9	1	7	3	6	5
6	1	3	2	5	4	9	8	7

Puzzle 474

Puzzle 475

3	8	5	1	9	7	4	6	2
6	2	4	8	5	3	1	7	9
7	1	9	4	2	6	5	8	3
4	9	6	5	3	8	7	2	1
1	3	2	7	6	9	8	5	4
8	5	7	2	1	4	9	3	6
2	4	3	9	8	5	6	1	7
9	6	8	3	7	1	2	4	5
5	7	1	6	4	2	3	9	8

Puzzle 476

1	5	7	6	9	8	3	2	4
9	4	3	1	5	2	7	8	6
8	2	6	7	3	4	1	9	5
6	3	1	4	2	7	8	5	9
5	8	9	3	1	6	4	7	2
4	7	2	5	8	9	6	1	3
7	1	4	9	6	5	2	3	8
2	6	5	8	7	3	9	4	1
3	9	8	2	4	1	5	6	7

Puzzle 477

8	3	9	5	7	2	1	6	4
7	4	5	8	1	6	9	2	3
2	6	1	3	4	9	8	5	7
3	7	6	4	2	8	5	9	1
5	9	4	6	3	1	7	8	2
1	2	8	7	9	5	4	3	6
4	8	2	9	6	7	3	1	5
9	1	3	2	5	4	6	7	8
6	5	7	1	8	3	2	4	9

Puzzle 478

2	4	8	3	9	1	6	7	5
6	1	5	4	2	7	8	9	3
9	3	7	6	5	8	1	4	2
8	7	6	1	4	2	3	5	9
5	2	3	8	6	9	7	1	4
1	9	4	7	3	5	2	8	6
4	8	2	9	1	6	5	3	7
3	5	1	2	7	4	9	6	8
7	6	9	5	8	3	4	2	1

2	1	7	8	4	9	5	3	6
4	8	5	3	1	6	9	2	7
6	3	9	5	7	2	4	8	1
1	4	8	7	2	5	6	9	3
3	5	6	4	9	8	1	7	2
9	7	2	6	3	1	8	4	5
7	9	3	1	6	4	2	5	8
5	2	1	9	8	3	7	6	4
8	6	4	2	5	7	3	1	9

Puzzle 479

9	1	7	6	4	5	8	3	2
4	3	6	1	2	8	7	5	9
5	8	2	7	3	9	6	1	4
6	4	5	3	1	2	9	8	7
1	2	8	9	7	4	3	6	5
3	7	9	8	5	6	2	4	1
8	6	1	4	9	7	5	2	3
7	5	3	2	6	1	4	9	8
2	9	4	5	8	3	1	7	6

Puzzle 480

5	6	3	9	1	2	8	7	4
4	9	7	5	6	8	1	3	2
2	1	8	4	3	7	9	6	5
8	5	9	6	7	1	2	4	3
3	4	1	2	5	9	7	8	6
7	2	6	8	4	3	5	9	1
1	3	5	7	9	4	6	2	8
6	7	2	3	8	5	4	1	9
9	8	4	1	2	6	3	5	7

Puzzle 481

7	8	1	2	6	5	9	4	3
9	4	5	3	8	7	6	2	1
3	6	2	1	4	9	8	5	7
1	7	4	9	3	2	5	6	8
8	2	3	4	5	6	1	7	9
5	9	6	8	7	1	2	3	4
6	3	7	5	9	8	4	1	2
4	1	9	6	2	3	7	8	5
2	5	8	7	1	4	3	9	6

Puzzle 482

4	9	7	8	6	3	2	5	1
1	2	5	9	7	4	8	6	3
3	6	8	5	1	2	7	9	4
6	5	9	4	3	7	1	2	8
8	3	2	1	5	9	4	7	6
7	1	4	6	2	8	9	3	5
5	8	6	2	9	1	3	4	7
2	4	3	7	8	6	5	1	9
9	7	1	3	4	5	6	8	2

Puzzle 483

5	9	6	7	1	8	3	4	2
8	4	3	9	6	2	7	5	1
2	7	1	3	4	5	8	9	6
7	2	9	6	8	3	5	1	4
6	8	5	4	7	1	2	3	9
3	1	4	2	5	9	6	8	7
9	5	8	1	2	7	4	6	3
4	3	7	5	9	6	1	2	8
1	6	2	8	3	4	9	7	5

Puzzle 484

5	6	1	3	9	8	7	4	2
8	2	3	5	7	4	9	6	1
7	4	9	2	1	6	8	5	3
2	9	4	7	5	3	1	8	6
1	8	5	6	4	9	3	2	7
6	3	7	8	2	1	5	9	4
4	1	2	9	8	7	6	3	5
9	5	6	1	3	2	4	7	8
3	7	8	4	6	5	2	1	9

Puzzle 485

7	6	2	3	5	4	9	8	1
3	9	5	8	1	6	2	4	7
8	4	1	9	2	7	6	5	3
9	7	6	1	3	5	4	2	8
5	3	8	4	6	2	1	7	9
2	1	4	7	8	9	5	3	6
4	5	3	6	7	1	8	9	2
6	2	7	5	9	8	3	1	4
1	8	9	2	4	3	7	6	5

Puzzle 486

8	2	3	6	5	1	9	7	4
4	5	9	8	7	2	1	3	6
1	7	6	9	4	3	2	8	5
6	4	5	3	2	9	8	1	7
9	8	7	1	6	4	5	2	3
3	1	2	7	8	5	6	4	9
5	6	4	2	3	8	7	9	1
2	3	1	5	9	7	4	6	8
7	9	8	4	1	6	3	5	2

Puzzle 487

6	3	5	8	9	1	7	4	2
7	4	1	2	3	6	9	5	8
2	9	8	4	7	5	6	3	1
4	7	2	6	5	8	1	9	3
8	6	9	3	1	2	4	7	5
5	1	3	9	4	7	8	2	6
9	2	4	1	6	3	5	8	7
1	8	7	5	2	4	3	6	9
3	5	6	7	8	9	2	1	4

Puzzle 488

5	7	9	1	6	4	3	8	2
6	4	8	2	3	7	1	9	5
1	2	3	8	9	5	7	6	4
3	5	4	6	2	1	9	7	8
9	8	6	7	4	3	2	5	1
2	1	7	5	8	9	4	3	6
4	9	1	3	5	6	8	2	7
8	3	5	4	7	2	6	1	9
7	6	2	9	1	8	5	4	3

Puzzle 489

6	5	3	9	1	7	2	4	8
1	4	8	6	2	5	7	9	3
7	2	9	8	4	3	6	5	1
3	8	7	2	5	6	4	1	9
2	9	1	3	8	4	5	7	6
4	6	5	7	9	1	8	3	2
5	1	2	4	6	9	3	8	7
8	7	4	1	3	2	9	6	5
9	3	6	5	7	8	1	2	4

Puzzle 490

7	1	2	3	6	4	9	5	8
8	3	5	7	9	2	1	6	4
9	4	6	1	8	5	3	7	2
3	9	4	5	7	8	2	1	6
1	2	7	9	3	6	8	4	5
6	5	8	2	4	1	7	3	9
2	8	1	4	5	7	6	9	3
5	6	9	8	1	3	4	2	7
4	7	3	6	2	9	5	8	1

Puzzle 491

9	6	8	2	4	1	7	3	5
7	4	5	6	3	9	2	8	1
2	1	3	8	7	5	9	6	4
4	9	2	7	8	3	5	1	6
3	5	6	9	1	4	8	2	7
8	7	1	5	6	2	4	9	3
5	2	7	1	9	6	3	4	8
1	8	4	3	2	7	6	5	9
6	3	9	4	5	8	1	7	2

Puzzle 492

1	6	4	2	5	7	8	3	9
3	8	2	4	9	6	5	1	7
9	7	5	3	1	8	4	6	2
2	4	1	6	3	9	7	5	8
5	9	8	1	7	2	6	4	3
6	3	7	5	8	4	2	9	1
8	2	3	9	6	5	1	7	4
7	1	6	8	4	3	9	2	5
4	5	9	7	2	1	3	8	6

Puzzle 493

8	5	9	6	1	2	3	4	7
6	4	2	9	3	7	8	1	5
3	7	1	5	8	4	9	6	2
9	1	6	7	5	3	4	2	8
5	2	8	4	6	9	7	3	1
7	3	4	1	2	8	5	9	6
4	8	3	2	7	6	1	5	9
2	9	5	8	4	1	6	7	3
1	6	7	3	9	5	2	8	4

Puzzle 494

1	8	4	3	7	5	9	2	6
2	5	6	1	9	8	3	7	4
7	3	9	4	2	6	5	8	1
6	9	7	8	4	1	2	5	3
3	1	5	2	6	7	8	4	9
4	2	8	5	3	9	6	1	7
9	4	1	6	5	2	7	3	8
5	7	3	9	8	4	1	6	2
8	6	2	7	1	3	4	9	5

Puzzle 495

5	8	6	9	7	3	4	1	2
9	7	1	4	2	8	3	6	5
4	3	2	1	6	5	7	9	8
6	1	7	3	8	9	5	2	4
2	4	5	6	1	7	8	3	9
8	9	3	5	4	2	1	7	6
3	2	4	7	5	6	9	8	1
7	5	8	2	9	1	6	4	3
1	6	9	8	3	4	2	5	7

Puzzle 496

6	1	2	9	5	8	7	3	4
4	3	7	2	6	1	8	9	5
9	8	5	4	3	7	6	2	1
7	6	3	1	9	4	2	5	8
2	5	1	8	7	3	9	4	6
8	9	4	5	2	6	1	7	3
1	2	9	3	8	5	4	6	7
3	4	6	7	1	9	5	8	2
5	7	8	6	4	2	3	1	9

Puzzle 497

6	8	4	9	5	2	3	7	1
2	9	3	6	1	7	8	4	5
1	7	5	8	3	4	9	6	2
3	5	9	2	4	6	1	8	7
7	6	2	1	9	8	4	5	3
8	4	1	5	7	3	2	9	6
4	2	6	7	8	1	5	3	9
9	3	7	4	2	5	6	1	8
5	1	8	3	6	9	7	2	4

Puzzle 498

9	7	6	2	8	1	3	4	5
2	4	3	5	7	9	6	8	1
5	8	1	3	6	4	9	2	7
6	2	8	7	3	5	1	9	4
7	3	4	9	1	8	5	6	2
1	9	5	4	2	6	7	3	8
4	6	2	1	5	3	8	7	9
8	5	9	6	4	7	2	1	3
3	1	7	8	9	2	4	5	6

Puzzle 499

4	9	5	6	2	3	8	7	1
7	3	2	4	8	1	9	5	6
6	8	1	9	7	5	2	4	3
1	7	3	5	6	8	4	2	9
9	4	6	7	1	2	3	8	5
2	5	8	3	4	9	1	6	7
5	1	4	2	3	7	6	9	8
8	6	9	1	5	4	7	3	2
3	2	7	8	9	6	5	1	4

Puzzle 500

2	8	1	9	7	6	4	3	5
9	3	7	4	5	1	6	2	8
5	4	6	2	8	3	9	1	7
7	5	8	1	2	9	3	6	4
3	1	2	5	6	4	8	7	9
4	6	9	7	3	8	1	5	2
6	2	3	8	9	7	5	4	1
1	9	5	3	4	2	7	8	6
8	7	4	6	1	5	2	9	3

Puzzle 501

1	2	9	4	3	7	6	8	5
5	4	8	9	2	6	7	3	1
7	3	6	1	8	5	2	9	4
6	7	4	8	5	1	9	2	3
2	8	1	3	9	4	5	6	7
9	5	3	7	6	2	4	1	8
8	1	2	5	4	9	3	7	6
3	9	5	6	7	8	1	4	2
4	6	7	2	1	3	8	5	9

Puzzle 502

6	2	3	8	5	4	1	7	9
5	9	1	3	2	7	4	8	6
8	4	7	6	1	9	3	2	5
2	3	8	1	4	6	9	5	7
7	6	9	5	3	2	8	1	4
4	1	5	7	9	8	6	3	2
3	7	6	9	8	5	2	4	1
1	5	4	2	6	3	7	9	8
9	8	2	4	7	1	5	6	3

Puzzle 503

6	7	1	8	9	3	5	2	4
5	4	9	1	2	7	6	8	3
3	8	2	5	6	4	9	1	7
9	5	8	7	3	6	2	4	1
7	1	6	4	8	2	3	9	5
2	3	4	9	1	5	8	7	6
1	9	5	3	4	8	7	6	2
4	6	7	2	5	9	1	3	8
8	2	3	6	7	1	4	5	9

Puzzle 504

2	7	3	4	5	6	1	9	8
4	8	1	9	2	7	3	5	6
5	6	9	3	1	8	7	4	2
7	2	5	6	9	4	8	1	3
3	1	4	2	8	5	6	7	9
8	9	6	7	3	1	4	2	5
6	3	7	5	4	2	9	8	1
9	5	8	1	7	3	2	6	4
1	4	2	8	6	9	5	3	7

Puzzle 505

6	3	2	1	7	5	8	9	4
4	7	9	6	8	2	3	1	5
5	8	1	3	4	9	7	2	6
1	9	7	5	6	3	4	8	2
2	6	4	8	1	7	9	5	3
3	5	8	9	2	4	6	7	1
7	2	5	4	9	6	1	3	8
8	4	3	7	5	1	2	6	9
9	1	6	2	3	8	5	4	7

Puzzle 506

1	9	2	8	7	5	6	4	3
5	3	6	4	2	1	8	7	9
4	8	7	9	3	6	5	2	1
9	2	8	7	6	4	3	1	5
6	5	3	1	8	2	7	9	4
7	4	1	3	5	9	2	6	8
3	7	9	2	1	8	4	5	6
8	1	5	6	4	7	9	3	2
2	6	4	5	9	3	1	8	7

Puzzle 507

6	8	9	1	5	7	3	4	2
3	1	5	2	4	8	7	9	6
7	4	2	9	3	6	8	1	5
5	7	8	4	1	9	2	6	3
4	2	6	8	7	3	9	5	1
1	9	3	6	2	5	4	8	7
2	6	1	7	9	4	5	3	8
9	5	7	3	8	1	6	2	4
8	3	4	5	6	2	1	7	9

Puzzle 508

4	2	8	6	5	3	9	1	7
7	5	3	4	1	9	6	2	8
9	1	6	2	8	7	5	3	4
8	7	5	1	3	2	4	6	9
2	6	4	5	9	8	1	7	3
3	9	1	7	6	4	2	8	5
1	3	7	9	2	5	8	4	6
5	8	2	3	4	6	7	9	1
6	4	9	8	7	1	3	5	2

Puzzle 509

4	7	6	5	9	1	2	8	3
9	3	2	8	6	7	4	5	1
1	8	5	3	4	2	9	7	6
5	2	4	1	7	3	8	6	9
8	6	7	4	5	9	3	1	2
3	1	9	2	8	6	5	4	7
2	9	8	6	1	4	7	3	5
7	5	1	9	3	8	6	2	4
6	4	3	7	2	5	1	9	8

Puzzle 510

7	4	8	2	5	9	1	6	3
3	1	5	7	6	4	8	2	9
2	9	6	1	8	3	5	7	4
1	2	4	6	7	8	3	9	5
5	8	3	9	2	1	7	4	6
6	7	9	3	4	5	2	1	8
8	6	2	4	3	7	9	5	1
4	5	1	8	9	2	6	3	7
9	3	7	5	1	6	4	8	2

Puzzle 511

2	1	5	8	6	3	9	4	7
4	6	7	2	9	5	3	1	8
9	8	3	4	7	1	6	5	2
8	7	6	3	2	4	5	9	1
1	3	4	5	8	9	7	2	6
5	2	9	6	1	7	4	8	3
6	9	2	7	5	8	1	3	4
7	4	1	9	3	2	8	6	5
3	5	8	1	4	6	2	7	9

Puzzle 512

4	5	7	8	2	9	1	3	6
6	2	3	7	4	1	9	8	5
1	9	8	5	6	3	7	2	4
8	4	1	3	5	6	2	7	9
9	7	2	1	8	4	6	5	3
3	6	5	2	9	7	4	1	8
5	8	6	4	7	2	3	9	1
2	3	9	6	1	8	5	4	7
7	1	4	9	3	5	8	6	2

Puzzle 513

6	4	7	5	3	1	2	8	9
8	9	3	7	2	6	4	5	1
2	1	5	4	8	9	7	6	3
9	5	4	6	1	3	8	7	2
1	2	8	9	5	7	3	4	6
3	7	6	8	4	2	1	9	5
4	8	2	1	6	5	9	3	7
7	6	1	3	9	4	5	2	8
5	3	9	2	7	8	6	1	4

Puzzle 514

6	2	1	4	7	5	9	3	8
7	9	8	3	6	2	4	1	5
4	3	5	1	8	9	6	7	2
5	7	9	2	1	6	8	4	3
3	4	6	9	5	8	1	2	7
8	1	2	7	4	3	5	9	6
2	6	3	8	9	4	7	5	1
9	5	7	6	3	1	2	8	4
1	8	4	5	2	7	3	6	9

Puzzle 515

9	8	2	5	7	1	4	3	6
6	7	4	2	3	9	1	5	8
5	3	1	4	8	6	2	7	9
2	1	6	3	5	8	7	9	4
4	5	8	6	9	7	3	1	2
7	9	3	1	4	2	8	6	5
3	2	5	9	1	4	6	8	7
8	6	9	7	2	3	5	4	1
1	4	7	8	6	5	9	2	3

Puzzle 516

3	1	5	4	9	8	7	2	6
6	7	4	3	2	5	1	8	9
9	8	2	7	1	6	5	3	4
5	9	6	8	3	7	4	1	2
8	4	1	6	5	2	3	9	7
7	2	3	1	4	9	8	6	5
4	3	9	5	6	1	2	7	8
2	5	7	9	8	3	6	4	1
1	6	8	2	7	4	9	5	3

Puzzle 517

9	4	3	8	5	7	1	6	2
8	1	2	3	6	4	9	7	5
6	5	7	1	9	2	4	3	8
1	9	6	5	8	3	7	2	4
5	7	8	4	2	6	3	9	1
2	3	4	9	7	1	5	8	6
7	8	9	6	1	5	2	4	3
3	2	5	7	4	8	6	1	9
4	6	1	2	3	9	8	5	7

Puzzle 518

4	1	8	9	3	7	6	5	2
5	6	7	2	4	8	3	1	9
3	9	2	6	1	5	7	8	4
1	5	3	8	9	4	2	6	7
2	8	6	5	7	3	4	9	1
7	4	9	1	2	6	5	3	8
6	2	5	7	8	9	1	4	3
8	7	4	3	5	1	9	2	6
9	3	1	4	6	2	8	7	5

Puzzle 519

9	2	8	7	1	5	6	3	4
6	3	4	8	9	2	5	7	1
5	1	7	6	3	4	2	8	9
3	5	9	4	8	1	7	2	6
2	8	1	3	7	6	9	4	5
7	4	6	2	5	9	3	1	8
8	6	3	5	4	7	1	9	2
1	7	2	9	6	8	4	5	3
4	9	5	1	2	3	8	6	7

Puzzle 520

6	9	5	3	8	4	7	1	2
3	1	7	6	9	2	4	8	5
4	8	2	7	1	5	6	3	9
1	5	4	8	6	7	2	9	3
2	6	8	5	3	9	1	4	7
7	3	9	2	4	1	5	6	8
8	2	3	1	5	6	9	7	4
5	4	6	9	7	8	3	2	1
9	7	1	4	2	3	8	5	6

Puzzle 521

2	1	7	9	5	8	6	4	3
6	3	9	4	2	1	8	5	7
4	8	5	3	7	6	1	2	9
1	7	6	2	4	5	9	3	8
3	9	2	1	8	7	4	6	5
5	4	8	6	9	3	7	1	2
9	5	4	7	6	2	3	8	1
7	2	1	8	3	4	5	9	6
8	6	3	5	1	9	2	7	4

Puzzle 522

7	9	2	4	3	1	6	5	8
8	5	1	6	2	7	4	9	3
6	4	3	5	8	9	7	1	2
3	2	5	1	7	6	8	4	9
4	6	8	3	9	5	1	2	7
9	1	7	2	4	8	3	6	5
1	7	9	8	6	2	5	3	4
5	8	4	9	1	3	2	7	6
2	3	6	7	5	4	9	8	1

Puzzle 523

7	3	6	5	2	1	4	8	9
1	9	2	4	8	3	5	6	7
5	8	4	9	6	7	3	2	1
8	6	3	1	7	2	9	4	5
2	5	9	3	4	6	1	7	8
4	1	7	8	9	5	6	3	2
9	4	5	7	3	8	2	1	6
6	7	1	2	5	4	8	9	3
3	2	8	6	1	9	7	5	4

Puzzle 524

Puzzle 525

4	5	2	9	8	1	6	3	7
3	7	6	4	5	2	8	1	9
1	8	9	3	7	6	2	5	4
7	6	4	5	3	9	1	8	2
2	1	3	8	6	4	7	9	5
8	9	5	1	2	7	4	6	3
6	4	1	7	9	5	3	2	8
5	2	8	6	4	3	9	7	1
9	3	7	2	1	8	5	4	6

Puzzle 526

9	1	5	2	6	8	4	7	3
4	3	2	5	9	7	8	1	6
7	8	6	4	1	3	2	5	9
1	9	4	3	7	5	6	8	2
8	2	3	6	4	1	7	9	5
6	5	7	9	8	2	1	3	4
2	7	9	1	5	6	3	4	8
3	4	1	8	2	9	5	6	7
5	6	8	7	3	4	9	2	1

Puzzle 527

1	3	2	6	9	5	8	7	4
5	7	6	4	3	8	1	9	2
9	4	8	1	7	2	6	5	3
4	9	5	3	1	7	2	8	6
2	6	3	5	8	9	4	1	7
7	8	1	2	4	6	5	3	9
8	2	7	9	5	4	3	6	1
6	1	9	8	2	3	7	4	5
3	5	4	7	6	1	9	2	8

Puzzle 528

2	9	1	6	3	5	4	7	8
4	3	8	1	7	9	2	5	6
7	5	6	4	8	2	3	9	1
6	4	3	8	1	7	9	2	5
1	2	9	5	4	3	6	8	7
5	8	7	2	9	6	1	4	3
8	7	2	9	6	1	5	3	4
9	1	4	3	5	8	7	6	2
3	6	5	7	2	4	8	1	9

3	9	5	8	1	2	6	7	4
4	7	6	5	9	3	1	8	2
8	1	2	7	6	4	3	5	9
9	6	3	1	4	7	5	2	8
2	5	7	9	3	8	4	1	6
1	4	8	2	5	6	9	3	7
6	8	4	3	7	1	2	9	5
5	2	1	6	8	9	7	4	3
7	3	9	4	2	5	8	6	1

Puzzle 529

6	8	1	7	4	2	5	9	3
9	2	3	8	5	6	4	1	7
7	5	4	3	9	1	2	6	8
3	9	8	2	1	4	7	5	6
2	6	5	9	7	3	8	4	1
1	4	7	6	8	5	3	2	9
5	1	9	4	3	8	6	7	2
4	3	6	1	2	7	9	8	5
8	7	2	5	6	9	1	3	4

Puzzle 530

3	4	2	5	7	9	1	8	6
1	8	6	3	4	2	7	5	9
7	9	5	8	6	1	3	2	4
2	7	8	9	1	4	6	3	5
6	5	1	2	3	8	4	9	7
4	3	9	7	5	6	2	1	8
5	6	3	1	8	7	9	4	2
9	1	7	4	2	5	8	6	3
8	2	4	6	9	3	5	7	1

Puzzle 531

6	3	2	5	7	4	1	8	9
9	5	1	2	6	8	4	3	7
7	4	8	3	1	9	2	6	5
2	9	6	7	5	3	8	1	4
8	7	4	1	9	2	3	5	6
5	1	3	8	4	6	9	7	2
1	6	9	4	3	5	7	2	8
4	8	7	6	2	1	5	9	3
3	2	5	9	8	7	6	4	1

Puzzle 532

4	7	3	8	5	2	1	9	6
1	2	6	7	9	3	8	4	5
8	5	9	4	6	1	7	3	2
5	4	7	9	1	8	2	6	3
3	6	8	2	4	5	9	7	1
9	1	2	6	3	7	5	8	4
6	3	5	1	8	9	4	2	7
2	9	4	5	7	6	3	1	8
7	8	1	3	2	4	6	5	9

Puzzle 533

7	3	4	8	5	2	1	6	9
9	5	1	6	3	7	8	4	2
6	2	8	1	4	9	7	3	5
3	9	2	5	6	8	4	1	7
8	1	7	9	2	4	3	5	6
4	6	5	3	7	1	2	9	8
5	4	6	7	8	3	9	2	1
1	7	3	2	9	6	5	8	4
2	8	9	4	1	5	6	7	3

Puzzle 534

5	1	9	7	4	3	6	8	2
4	6	2	1	8	9	5	3	7
3	7	8	5	2	6	4	1	9
7	2	4	8	3	1	9	6	5
8	3	5	9	6	4	2	7	1
6	9	1	2	5	7	8	4	3
9	5	3	6	7	8	1	2	4
2	8	7	4	1	5	3	9	6
1	4	6	3	9	2	7	5	8

Puzzle 535

9	4	5	3	7	1	6	2	8
2	7	6	5	8	9	3	1	4
3	1	8	2	4	6	9	5	7
1	8	4	7	9	3	5	6	2
6	5	2	4	1	8	7	3	9
7	9	3	6	2	5	4	8	1
4	3	7	8	5	2	1	9	6
5	2	9	1	6	4	8	7	3
8	6	1	9	3	7	2	4	5

Puzzle 536

8	9	1	6	3	7	2	4	5
6	2	3	4	5	1	9	8	7
7	4	5	2	8	9	6	3	1
2	7	6	1	9	8	4	5	3
9	3	8	5	6	4	7	1	2
1	5	4	3	7	2	8	6	9
4	6	7	9	1	3	5	2	8
5	1	9	8	2	6	3	7	4
3	8	2	7	4	5	1	9	6

Puzzle 537

8	3	7	5	6	4	9	2	1
5	1	9	7	8	2	6	3	4
4	2	6	3	9	1	8	5	7
2	6	1	4	3	7	5	9	8
3	4	5	9	2	8	7	1	6
9	7	8	1	5	6	2	4	3
7	5	2	6	4	3	1	8	9
1	9	3	8	7	5	4	6	2
6	8	4	2	1	9	3	7	5

Puzzle 538

5	1	4	6	3	7	8	2	9
2	9	8	5	4	1	6	3	7
3	7	6	2	8	9	5	4	1
4	2	3	1	6	8	9	7	5
7	8	5	9	2	3	4	1	6
1	6	9	7	5	4	2	8	3
9	4	2	3	1	5	7	6	8
8	3	7	4	9	6	1	5	2
6	5	1	8	7	2	3	9	4

Puzzle 539

3	2	8	7	5	9	4	6	1
6	7	1	3	4	2	5	8	9
5	4	9	6	1	8	2	3	7
9	3	2	8	7	1	6	4	5
8	5	7	4	6	3	9	1	2
4	1	6	9	2	5	8	7	3
2	8	3	1	9	6	7	5	4
7	6	5	2	3	4	1	9	8
1	9	4	5	8	7	3	2	6

Puzzle 540

6	9	5	1	2	7	4	8	3
3	8	7	6	5	4	1	2	9
1	2	4	8	9	3	7	6	5
4	6	9	3	7	1	8	5	2
5	7	2	9	6	8	3	4	1
8	3	1	5	4	2	9	7	6
9	5	3	4	8	6	2	1	7
2	1	8	7	3	5	6	9	4
7	4	6	2	1	9	5	3	8

Puzzle 541

5	7	1	6	2	9	3	4	8
4	8	3	5	7	1	6	9	2
6	9	2	3	4	8	1	5	7
8	5	9	4	1	2	7	3	6
3	4	6	7	8	5	2	1	9
1	2	7	9	3	6	4	8	5
7	6	8	1	9	3	5	2	4
9	1	4	2	5	7	8	6	3
2	3	5	8	6	4	9	7	1

Puzzle 542

6	9	3	8	2	7	5	1	4
1	4	2	6	9	5	7	3	8
7	8	5	3	1	4	2	6	9
5	6	7	1	4	3	9	8	2
9	1	8	7	6	2	4	5	3
2	3	4	5	8	9	6	7	1
4	5	6	2	3	8	1	9	7
3	2	1	9	7	6	8	4	5
8	7	9	4	5	1	3	2	6

Puzzle 543

9	4	7	1	3	2	6	8	5
5	2	6	8	7	4	3	9	1
1	8	3	6	9	5	2	4	7
3	9	5	2	4	6	7	1	8
7	1	4	5	8	3	9	2	6
2	6	8	7	1	9	4	5	3
4	7	1	3	2	8	5	6	9
8	5	2	9	6	7	1	3	4
6	3	9	4	5	1	8	7	2

Puzzle 544

Puzzle 545

2	9	6	8	7	3	5	4	1
8	7	5	4	6	1	9	3	2
4	3	1	5	9	2	7	6	8
5	8	4	2	1	6	3	9	7
9	2	3	7	5	4	8	1	6
1	6	7	3	8	9	4	2	5
6	5	9	1	4	8	2	7	3
3	4	8	6	2	7	1	5	9
7	1	2	9	3	5	6	8	4

Puzzle 546

7	6	2	9	5	8	1	3	4
9	1	3	6	4	7	8	5	2
8	4	5	3	1	2	7	9	6
6	2	1	4	9	3	5	8	7
4	9	8	5	7	6	3	2	1
3	5	7	2	8	1	6	4	9
2	8	9	7	6	5	4	1	3
5	7	4	1	3	9	2	6	8
1	3	6	8	2	4	9	7	5

Puzzle 547

6	4	7	5	3	1	9	8	2
5	1	8	9	2	7	4	6	3
9	2	3	8	4	6	7	1	5
7	3	9	6	5	2	1	4	8
1	8	2	7	9	4	3	5	6
4	5	6	1	8	3	2	9	7
2	7	5	4	6	9	8	3	1
8	9	1	3	7	5	6	2	4
3	6	4	2	1	8	5	7	9

Puzzle 548

6	7	3	8	5	1	2	9	4
8	4	5	9	6	2	1	7	3
2	1	9	3	7	4	8	6	5
4	5	1	6	8	9	7	3	2
7	8	2	1	3	5	9	4	6
9	3	6	2	4	7	5	1	8
1	9	8	4	2	6	3	5	7
3	6	7	5	1	8	4	2	9
5	2	4	7	9	3	6	8	1

Puzzle 549

8	2	7	3	9	1	5	4	6
4	5	1	7	8	6	2	9	3
6	3	9	2	5	4	8	7	1
7	6	4	8	3	9	1	5	2
2	1	5	4	6	7	9	3	8
9	8	3	1	2	5	4	6	7
3	9	2	6	4	8	7	1	5
5	7	6	9	1	2	3	8	4
1	4	8	5	7	3	6	2	9

Puzzle 550

2	9	1	7	4	8	3	6	5
5	4	3	2	6	1	9	7	8
7	6	8	9	3	5	1	2	4
6	7	9	4	1	3	8	5	2
4	8	2	5	9	7	6	1	3
1	3	5	8	2	6	4	9	7
3	5	6	1	7	4	2	8	9
9	1	7	3	8	2	5	4	6
8	2	4	6	5	9	7	3	1

Puzzle 551

8	1	9	7	3	5	4	2	6
2	6	4	9	8	1	5	3	7
5	7	3	4	2	6	8	9	1
6	3	7	8	4	9	1	5	2
4	5	8	1	7	2	3	6	9
1	9	2	6	5	3	7	4	8
9	2	5	3	1	7	6	8	4
3	8	1	2	6	4	9	7	5
7	4	6	5	9	8	2	1	3

Puzzle 552

9	6	2	1	7	5	3	8	4
4	3	8	9	2	6	5	1	7
5	7	1	3	4	8	6	9	2
2	4	6	7	3	9	1	5	8
1	5	3	6	8	2	4	7	9
8	9	7	5	1	4	2	3	6
6	8	5	2	9	1	7	4	3
3	2	4	8	5	7	9	6	1
7	1	9	4	6	3	8	2	5

3	2	6	7	1	4	8	5	9
4	5	8	3	9	6	7	1	2
1	7	9	5	8	2	4	6	3
8	6	3	2	5	9	1	7	4
9	1	5	8	4	7	3	2	6
2	4	7	6	3	1	9	8	5
7	3	4	1	2	5	6	9	8
6	9	2	4	7	8	5	3	1
5	8	1	9	6	3	2	4	7

Puzzle 553

4	8	2	5	3	1	7	9	6
6	1	3	7	9	4	2	8	5
7	9	5	2	8	6	3	1	4
5	7	9	4	6	8	1	2	3
1	4	8	3	2	9	5	6	7
3	2	6	1	5	7	9	4	8
2	6	1	8	7	3	4	5	9
9	5	7	6	4	2	8	3	1
8	3	4	9	1	5	6	7	2

Puzzle 554

3	2	6	7	4	1	5	9	8
4	9	5	6	8	3	7	2	1
1	8	7	2	5	9	3	4	6
5	7	2	1	9	8	4	6	3
6	4	8	3	7	5	2	1	9
9	3	1	4	6	2	8	7	5
8	6	9	5	2	4	1	3	7
7	1	4	8	3	6	9	5	2
2	5	3	9	1	7	6	8	4

Puzzle 555

8	3	1	7	9	4	6	2	5
5	4	6	1	8	2	3	7	9
2	9	7	5	3	6	1	8	4
6	1	4	8	7	5	9	3	2
7	8	9	2	6	3	4	5	1
3	5	2	4	1	9	7	6	8
9	2	5	6	4	7	8	1	3
1	6	3	9	5	8	2	4	7
4	7	8	3	2	1	5	9	6

Puzzle 556

Puzzle 557

8	3	4	5	6	1	9	2	7
7	2	5	9	8	4	6	3	1
6	1	9	2	3	7	4	8	5
1	9	8	7	5	6	3	4	2
4	5	6	1	2	3	7	9	8
2	7	3	4	9	8	5	1	6
3	4	7	6	1	2	8	5	9
5	8	1	3	7	9	2	6	4
9	6	2	8	4	5	1	7	3

Puzzle 558

2	3	5	8	9	4	6	7	1
1	8	4	2	6	7	5	9	3
7	9	6	5	1	3	8	2	4
8	7	1	3	5	9	4	6	2
5	6	2	4	8	1	9	3	7
9	4	3	6	7	2	1	5	8
6	5	7	1	3	8	2	4	9
4	1	9	7	2	5	3	8	6
3	2	8	9	4	6	7	1	5

Puzzle 559

3	6	5	9	2	1	8	4	7
9	4	1	5	7	8	3	6	2
7	2	8	3	6	4	1	5	9
6	7	4	8	1	3	2	9	5
1	9	2	7	4	5	6	3	8
8	5	3	2	9	6	7	1	4
2	8	6	1	5	9	4	7	3
4	3	9	6	8	7	5	2	1
5	1	7	4	3	2	9	8	6

Puzzle 560

5	2	7	8	4	3	9	6	1
6	9	4	7	1	5	3	8	2
8	3	1	6	9	2	4	7	5
4	1	5	3	7	9	6	2	8
9	7	2	5	8	6	1	3	4
3	8	6	4	2	1	5	9	7
2	5	9	1	3	7	8	4	6
7	6	8	9	5	4	2	1	3
1	4	3	2	6	8	7	5	9

3	2	6	7	9	5	4	8	1
9	8	5	1	2	4	6	7	3
4	7	1	8	3	6	5	2	9
8	5	7	4	1	9	3	6	2
2	6	4	3	7	8	9	1	5
1	9	3	5	6	2	8	4	7
6	4	9	2	5	7	1	3	8
5	3	2	6	8	1	7	9	4
7	1	8	9	4	3	2	5	6

Puzzle 561

7	8	1	2	4	6	3	5	9
4	9	3	5	1	8	7	2	6
2	6	5	7	3	9	1	4	8
5	1	2	3	6	7	9	8	4
9	7	4	8	5	1	2	6	3
6	3	8	4	9	2	5	1	7
3	2	9	1	8	4	6	7	5
8	5	7	6	2	3	4	9	1
1	4	6	9	7	5	8	3	2

Puzzle 562

1	5	2	9	7	8	4	6	3
3	6	4	1	2	5	8	7	9
9	7	8	4	3	6	5	1	2
8	9	5	7	1	3	2	4	6
4	1	6	8	5	2	9	3	7
2	3	7	6	4	9	1	8	5
6	4	1	2	9	7	3	5	8
5	8	9	3	6	1	7	2	4
7	2	3	5	8	4	6	9	1

Puzzle 563

6	5	7	9	2	8	4	1	3
9	3	4	6	1	7	2	5	8
1	2	8	5	4	3	9	6	7
8	9	6	2	7	5	1	3	4
5	1	3	8	6	4	7	2	9
4	7	2	3	9	1	5	8	6
3	8	1	4	5	9	6	7	2
7	6	9	1	8	2	3	4	5
2	4	5	7	3	6	8	9	1

Puzzle 564

2	3	7	8	5	1	4	6	9
6	9	1	3	4	7	8	5	2
5	4	8	2	9	6	1	7	3
9	5	4	6	1	2	7	3	8
7	6	2	5	3	8	9	1	4
8	1	3	4	7	9	5	2	6
3	7	6	9	8	5	2	4	1
4	8	5	1	2	3	6	9	7
1	2	9	7	6	4	3	8	5

Puzzle 565

9	4	8	2	5	6	1	3	7
1	5	3	8	4	7	9	6	2
7	2	6	9	1	3	4	8	5
5	7	1	4	3	8	2	9	6
8	6	2	7	9	5	3	4	1
3	9	4	6	2	1	7	5	8
2	8	9	1	6	4	5	7	3
4	3	7	5	8	2	6	1	9
6	1	5	3	7	9	8	2	4

Puzzle 566

3	4	1	7	8	6	5	9	2
6	9	5	1	4	2	7	8	3
2	8	7	9	5	3	4	1	6
4	7	6	3	9	8	2	5	1
9	5	2	6	7	1	3	4	8
1	3	8	4	2	5	9	6	7
5	6	3	2	1	9	8	7	4
8	1	4	5	3	7	6	2	9
7	2	9	8	6	4	1	3	5

Puzzle 567

2	9	3	5	7	6	1	8	4
4	5	8	2	1	9	7	6	3
6	1	7	8	4	3	2	9	5
5	3	2	4	9	1	8	7	6
8	7	1	6	3	5	9	4	2
9	4	6	7	2	8	5	3	1
1	6	4	9	5	7	3	2	8
3	8	9	1	6	2	4	5	7
7	2	5	3	8	4	6	1	9

Puzzle 568

4	1	6	5	9	3	8	2	7
2	5	7	1	8	6	3	9	4
3	9	8	7	4	2	5	1	6
8	3	9	4	7	1	2	6	5
6	2	5	8	3	9	7	4	1
1	7	4	6	2	5	9	3	8
5	6	3	9	1	7	4	8	2
7	8	2	3	6	4	1	5	9
9	4	1	2	5	8	6	7	3

Puzzle 569

6	7	9	2	1	5	3	8	4
5	4	8	9	6	3	7	2	1
3	1	2	7	4	8	5	6	9
1	3	7	4	2	9	6	5	8
4	2	5	8	7	6	1	9	3
8	9	6	3	5	1	4	7	2
7	6	4	1	9	2	8	3	5
9	5	3	6	8	4	2	1	7
2	8	1	5	3	7	9	4	6

Puzzle 570

7	5	9	6	1	4	3	2	8
2	1	3	8	5	7	4	9	6
6	8	4	9	3	2	7	1	5
9	6	2	7	4	5	1	8	3
8	7	1	3	9	6	2	5	4
4	3	5	2	8	1	9	6	7
3	4	6	1	2	8	5	7	9
1	9	7	5	6	3	8	4	2
5	2	8	4	7	9	6	3	1

Puzzle 571

2	9	3	4	7	8	5	1	6
6	5	1	9	3	2	8	7	4
4	8	7	1	6	5	9	2	3
7	6	8	5	4	3	1	9	2
9	3	2	8	1	7	4	6	5
5	1	4	2	9	6	3	8	7
1	2	6	3	8	4	7	5	9
8	4	5	7	2	9	6	3	1
3	7	9	6	5	1	2	4	8

Puzzle 572

7	8	4	3	9	1	6	2	5
6	9	5	4	2	8	1	7	3
3	2	1	7	5	6	8	9	4
8	5	2	9	1	3	4	6	7
4	7	9	2	6	5	3	8	1
1	6	3	8	7	4	9	5	2
2	3	7	1	8	9	5	4	6
9	1	6	5	4	7	2	3	8
5	4	8	6	3	2	7	1	9

Puzzle 573

9	1	7	6	2	4	5	3	8
4	3	5	9	8	7	6	1	2
2	6	8	3	1	5	9	4	7
7	4	2	5	9	8	1	6	3
3	9	6	1	7	2	8	5	4
8	5	1	4	6	3	7	2	9
5	2	9	7	3	1	4	8	6
1	7	3	8	4	6	2	9	5
6	8	4	2	5	9	3	7	1

Puzzle 574

9	3	2	7	6	1	8	5	4
8	7	1	2	4	5	9	6	3
6	5	4	9	8	3	1	2	7
7	8	6	4	9	2	5	3	1
1	2	9	3	5	7	4	8	6
5	4	3	8	1	6	7	9	2
2	9	7	5	3	4	6	1	8
4	6	5	1	2	8	3	7	9
3	1	8	6	7	9	2	4	5

Puzzle 575

2	8	4	1	7	3	9	6	5
9	1	3	6	5	8	7	4	2
7	5	6	9	2	4	1	8	3
3	2	7	8	6	9	5	1	4
4	6	5	7	1	2	3	9	8
8	9	1	4	3	5	2	7	6
6	3	8	2	9	1	4	5	7
5	7	9	3	4	6	8	2	1
1	4	2	5	8	7	6	3	9

Puzzle 576

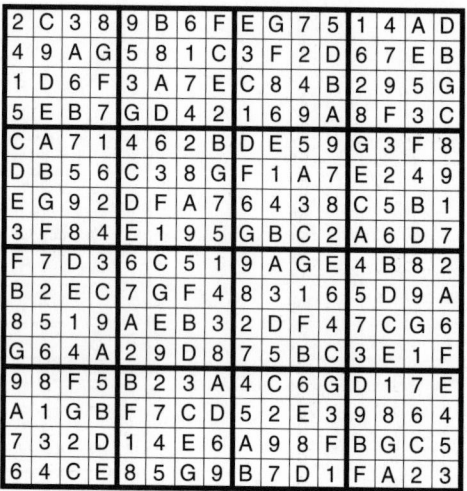

Puzzle 577

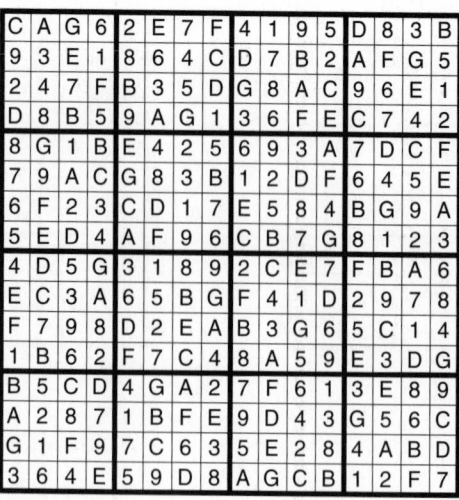

Puzzle 578

6	4	3	G	1	E	8	D	5	B	7	A	2	F	C	9
C	E	2	8	A	5	7	4	F	9	6	D	1	3	B	G
5	F	1	A	9	6	3	B	C	2	4	G	7	D	8	E
7	9	B	D	G	C	F	2	E	3	1	8	5	A	4	6
D	B	8	F	E	3	6	C	2	G	A	4	9	1	5	7
2	5	E	C	F	8	D	9	7	1	B	3	6	G	A	4
4	A	G	3	B	1	2	7	9	6	5	E	D	8	F	C
1	6	9	7	4	A	G	5	D	8	F	C	3	B	E	2
E	G	A	6	D	B	C	8	3	7	9	1	F	4	2	5
3	D	5	B	7	F	1	A	4	C	G	2	E	9	6	8
F	C	4	9	2	G	E	3	A	5	8	6	B	7	1	D
8	2	7	1	5	4	9	6	B	E	D	F	A	C	G	3
B	1	D	2	8	7	5	E	G	F	C	9	4	6	3	A
G	8	6	5	3	D	A	F	1	4	E	7	C	2	9	B
9	7	F	E	C	2	4	G	6	A	3	B	8	5	D	1
A	3	C	4	6	9	B	1	8	D	2	5	G	E	7	F

Puzzle 579

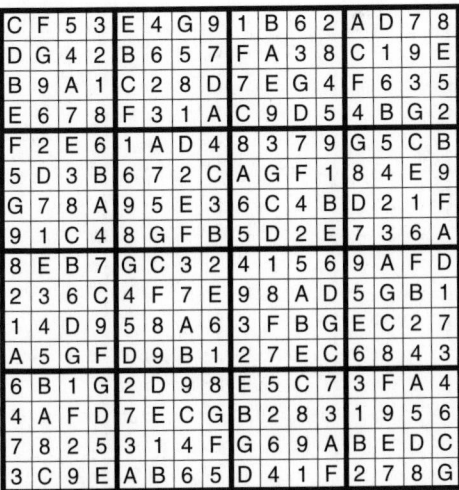

C	F	5	3	E	4	G	9	1	B	6	2	A	D	7	8
D	G	4	2	B	6	5	7	F	A	3	8	C	1	9	E
B	9	A	1	C	2	8	D	7	E	G	4	F	6	3	5
E	6	7	8	F	3	1	A	C	9	D	5	4	B	G	2
F	2	E	6	1	A	D	4	8	3	7	9	G	5	C	B
5	D	3	B	6	7	2	C	A	G	F	1	8	4	E	9
G	7	8	A	9	5	E	3	6	C	4	B	D	2	1	F
9	1	C	4	8	G	F	B	5	D	2	E	7	3	6	A
8	E	B	7	G	C	3	2	4	1	5	6	9	A	F	D
2	3	6	C	4	F	7	E	9	8	A	D	5	G	B	1
1	4	D	9	5	8	A	6	3	F	B	G	E	C	2	7
A	5	G	F	D	9	B	1	2	7	E	C	6	8	4	3
6	B	1	G	2	D	9	8	E	5	C	7	3	F	A	4
4	A	F	D	7	E	C	G	B	2	8	3	1	9	5	6
7	8	2	5	3	1	4	F	G	6	9	A	B	E	D	C
3	C	9	E	A	B	6	5	D	4	1	F	2	7	8	G

Puzzle 580

Puzzle 581

Puzzle 582

Puzzle 583

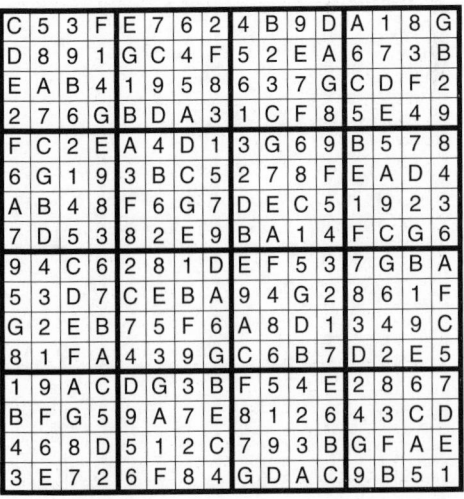

Puzzle 584

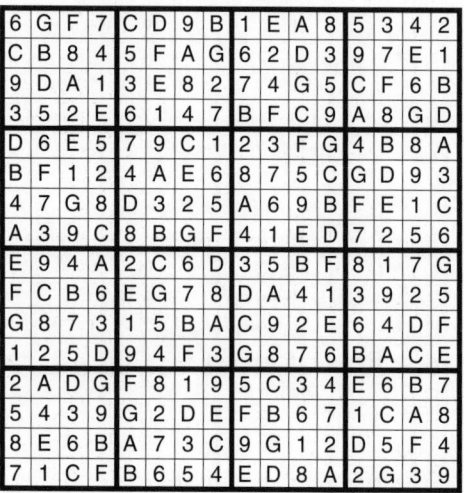

Puzzle 585

Puzzle 586

3	1	A	F	C	9	E	5	8	4	D	G	6	2	B	7
8	G	7	D	4	B	A	F	2	C	E	6	1	3	5	9
B	E	4	6	8	G	2	7	3	9	5	1	C	F	D	A
C	5	2	9	6	3	1	D	B	7	A	F	E	4	8	G
2	F	9	8	7	D	4	1	G	5	3	B	A	E	6	C
7	C	3	A	B	E	5	2	4	6	9	D	F	G	1	8
5	4	G	1	A	F	3	6	E	2	8	C	B	7	9	D
6	D	B	E	G	C	8	9	A	1	F	7	4	5	2	3
A	B	F	2	5	1	G	C	D	8	7	E	3	9	4	6
D	7	5	C	E	4	6	8	9	3	B	A	G	1	F	2
1	9	8	3	F	2	7	B	6	G	C	4	5	D	A	E
4	6	E	G	D	A	9	3	5	F	1	2	8	C	7	B
E	3	1	7	9	6	C	A	F	B	2	5	D	8	G	4
9	2	D	4	1	5	B	E	C	A	G	8	7	6	3	F
F	8	6	B	3	7	D	G	1	E	4	9	2	A	C	5
G	A	C	5	2	8	F	4	7	D	6	3	9	B	E	1

Puzzle 587

A	8	G	D	3	6	F	4	9	B	7	2	C	1	E	5
4	6	7	2	D	9	A	5	8	C	1	E	3	B	G	F
B	5	F	E	1	G	C	7	3	A	D	6	2	9	8	4
9	3	C	1	2	B	E	8	G	4	F	5	7	6	A	D
2	B	A	8	F	4	D	E	1	3	6	G	9	C	5	7
5	F	1	7	6	3	B	G	2	9	8	C	A	4	D	E
C	9	D	3	A	7	8	2	4	5	E	B	F	G	6	1
6	G	E	4	9	5	1	C	F	7	A	D	B	2	3	8
7	A	9	C	B	E	6	1	5	F	G	3	8	D	4	2
D	4	3	G	7	2	5	F	E	6	9	8	1	A	C	B
E	1	B	F	8	D	G	3	C	2	4	A	6	5	7	9
8	2	5	6	C	A	4	9	7	D	B	1	G	E	F	3
3	C	2	A	4	8	9	D	B	G	5	7	E	F	1	6
F	D	8	B	E	C	2	6	A	1	3	4	5	7	9	G
1	7	6	5	G	F	3	A	D	E	2	9	4	8	B	C
G	E	4	9	5	1	7	B	6	8	C	F	D	3	2	A

Puzzle 588

8	9	7	F	6	2	D	5	3	4	1	E	A	B	G	C
C	5	3	G	B	8	4	A	2	7	D	6	1	E	9	F
B	4	1	2	E	9	C	3	5	F	A	G	6	8	D	7
D	6	A	E	G	1	F	7	C	B	8	9	2	3	4	5
6	B	E	4	1	C	2	D	8	A	3	5	9	F	7	G
5	G	D	3	F	A	E	4	9	6	7	2	8	C	1	B
1	A	8	9	5	G	7	6	F	C	B	D	3	2	E	4
2	F	C	7	9	3	8	B	G	1	E	4	D	6	5	A
A	2	B	5	4	F	6	1	7	D	G	C	E	9	3	8
7	1	9	D	8	E	B	C	4	5	F	3	G	A	2	6
4	E	G	C	A	5	3	2	6	8	9	1	B	7	F	D
3	8	F	6	7	D	G	9	A	E	2	B	5	4	C	1
E	3	4	B	2	7	1	F	D	G	6	A	C	5	8	9
9	7	5	1	D	4	A	E	B	3	C	8	F	G	6	2
F	D	6	8	C	B	9	G	E	2	5	7	4	1	A	3
G	C	2	A	3	6	5	8	1	9	4	F	7	D	B	E

Puzzle 589

C	3	7	A	B	9	E	F	G	1	8	5	2	4	6	D
D	G	9	6	1	3	8	C	7	4	F	2	5	A	E	B
5	F	1	B	2	A	4	6	D	3	E	C	G	8	7	9
8	4	E	2	7	G	D	5	B	A	9	6	3	F	1	C
E	C	4	9	A	6	F	1	8	G	D	7	B	3	2	5
2	8	F	1	4	B	7	D	5	9	3	E	6	C	G	A
B	5	G	D	8	E	3	2	6	C	A	4	9	1	F	7
A	7	6	3	5	C	G	9	F	2	1	B	4	E	D	8
F	A	B	E	D	4	9	G	C	5	2	1	8	7	3	6
7	6	C	8	F	1	5	E	4	D	G	3	A	B	9	2
G	1	3	5	C	2	B	A	9	7	6	8	E	D	4	F
9	2	D	4	3	7	6	8	A	E	B	F	C	G	5	1
6	B	2	C	9	D	A	4	3	F	7	G	1	5	8	E
3	9	8	7	G	F	1	B	E	6	5	A	D	2	C	4
4	D	5	F	E	8	2	3	1	B	C	9	7	6	A	G
1	E	A	G	6	5	C	7	2	8	4	D	F	9	B	3

Puzzle 590

Puzzle 591

Puzzle 592

Puzzle 593

6	E	1	4	C	2	8	9	A	G	D	5	F	B	7	3
C	F	5	8	G	1	7	D	B	3	4	E	2	6	9	A
9	G	D	B	E	A	3	F	7	6	1	2	4	5	8	C
A	7	3	2	6	4	5	B	9	C	8	F	E	G	1	D
8	1	B	G	9	F	E	7	D	5	6	C	A	3	2	4
D	4	F	6	3	G	B	8	E	1	2	A	5	9	C	7
2	5	C	7	1	D	4	A	3	9	F	B	6	8	E	G
E	3	A	9	5	C	6	2	G	8	7	4	D	1	B	F
7	6	2	A	F	8	G	3	4	E	C	1	9	D	5	B
3	D	E	F	7	9	1	6	5	A	B	8	C	4	G	2
4	9	8	5	B	E	2	C	F	7	G	D	3	A	6	1
1	B	G	C	D	5	A	4	6	2	3	9	7	E	F	8
5	2	4	3	8	B	C	E	1	F	A	6	G	7	D	9
F	8	7	E	4	3	D	5	C	B	9	G	1	2	A	6
B	C	6	1	A	7	9	G	2	D	E	3	8	F	4	5
G	A	9	D	2	6	F	1	8	4	5	7	B	C	3	E

Puzzle 594

6	3	2	5	7	8	1	D	E	9	C	G	A	B	4	F
C	1	8	F	9	6	B	G	3	4	A	2	D	E	7	5
4	9	A	B	F	2	E	5	7	D	1	6	C	G	8	3
D	E	7	G	4	3	C	A	F	8	B	5	2	9	1	6
9	G	E	1	6	7	4	3	B	2	5	A	8	F	C	D
3	F	4	7	5	C	9	E	D	1	G	8	6	2	B	A
2	D	5	6	B	A	F	8	C	7	9	4	1	3	E	G
A	C	B	8	D	G	2	1	6	F	3	E	7	4	5	9
E	A	6	2	C	4	D	B	5	G	7	F	9	8	3	1
8	5	D	4	G	9	3	F	1	B	6	C	E	A	2	7
F	B	9	3	8	1	7	6	2	A	E	D	4	5	G	C
G	7	1	C	E	5	A	2	4	3	8	9	F	D	6	B
5	2	C	D	A	E	8	7	G	6	F	B	3	1	9	4
B	8	3	9	1	D	G	4	A	C	2	7	5	6	F	E
1	4	G	E	2	F	6	C	9	5	D	3	B	7	A	8
7	6	F	A	3	B	5	9	8	E	4	1	G	C	D	2

Puzzle 594

2	E	D	4	G	F	A	B	9	C	3	6	1	5	7	8
8	G	A	3	9	E	5	2	1	B	7	4	C	6	D	F
9	B	7	C	6	1	3	D	8	E	F	5	A	2	G	4
1	5	6	F	4	C	8	7	2	G	D	A	E	3	9	B
5	7	G	9	F	6	C	1	4	D	2	3	8	E	B	A
3	A	B	8	7	2	D	G	5	9	E	1	F	C	4	6
6	D	F	2	3	4	E	8	B	7	A	C	5	G	1	9
4	C	E	1	5	A	B	9	6	F	8	G	D	7	3	2
A	9	3	B	D	7	1	C	G	8	4	E	2	F	6	5
7	F	5	E	2	3	G	4	A	1	6	9	B	8	C	D
C	8	4	G	A	9	6	5	D	2	B	F	3	1	E	7
D	1	2	6	B	8	F	E	C	3	5	7	4	9	A	G
E	2	8	D	C	5	4	3	7	6	9	B	G	A	F	1
B	3	9	A	1	D	7	F	E	5	G	2	6	4	8	C
F	6	C	7	8	G	2	A	3	4	1	D	9	B	5	E
G	4	1	5	E	B	9	6	F	A	C	8	7	D	2	3

Puzzle 595

C	7	6	E	F	G	3	A	8	9	2	B	D	4	1	5
D	8	3	F	2	C	1	6	5	7	4	G	9	A	E	B
2	1	B	G	D	5	4	9	6	F	A	E	7	8	C	3
9	5	4	A	8	E	7	B	3	D	C	1	6	G	2	F
5	B	2	C	1	3	E	D	4	G	6	F	8	9	7	A
E	D	8	6	7	9	G	F	B	2	3	A	4	1	5	C
A	3	1	4	6	B	C	5	7	8	9	D	2	F	G	E
F	G	7	9	A	8	2	4	1	E	5	C	B	3	D	6
B	4	A	3	E	1	D	7	9	C	F	5	G	2	6	8
G	C	9	5	3	6	A	2	D	1	7	8	F	E	B	4
7	F	E	1	G	4	9	8	2	A	B	6	5	C	3	D
8	6	D	2	B	F	5	C	E	4	G	3	1	7	A	9
6	A	F	7	4	D	8	E	C	B	1	2	3	5	9	G
1	E	C	D	5	7	6	G	F	3	8	9	A	B	4	2
3	9	G	B	C	2	F	1	A	5	D	4	E	6	8	7
4	2	5	8	9	A	B	3	G	6	E	7	C	D	F	1

Puzzle 596

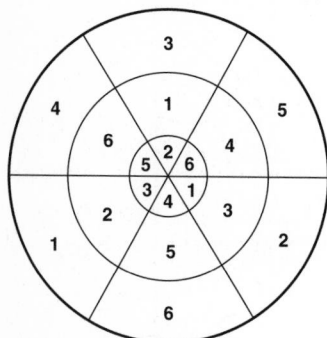

Puzzle 597

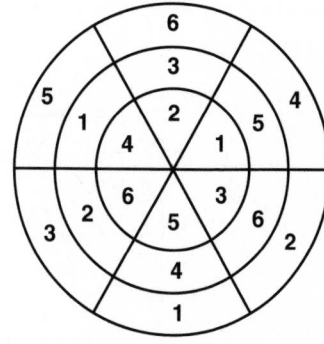

Puzzle 598

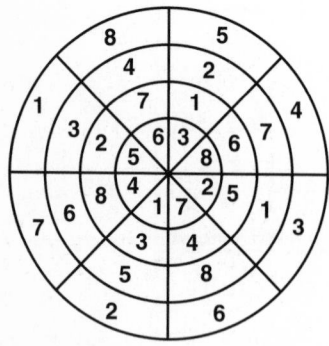

Puzzle 599

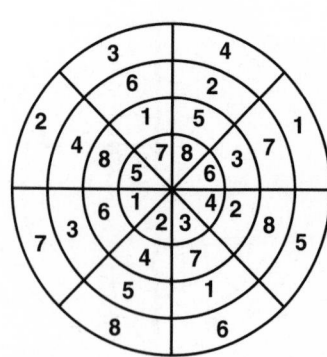

Puzzle 600

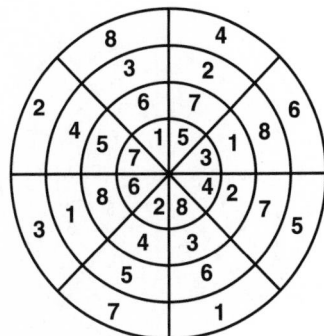

Puzzle 601

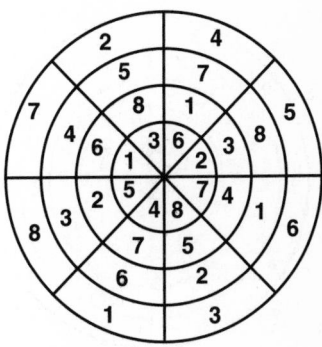

Puzzle 602

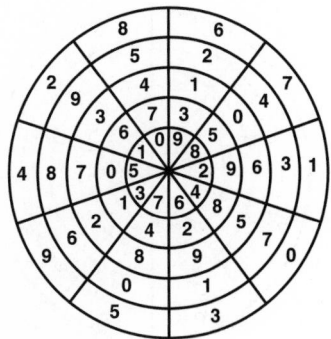

Puzzle 603

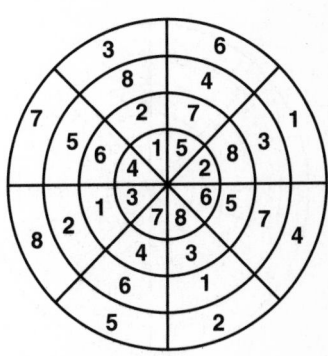

Puzzle 604

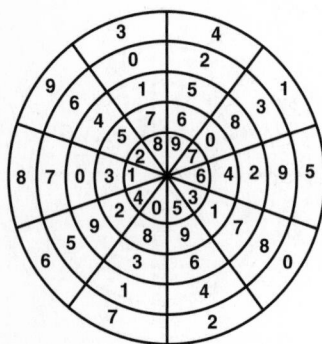

Puzzle 605

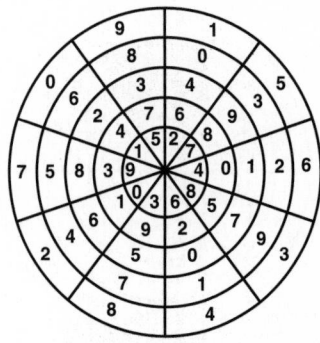

Puzzle 606

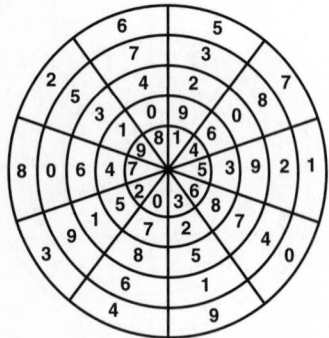

Puzzle 607

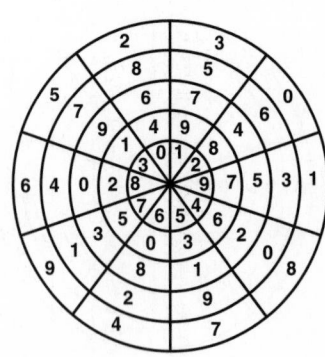

Puzzle 608

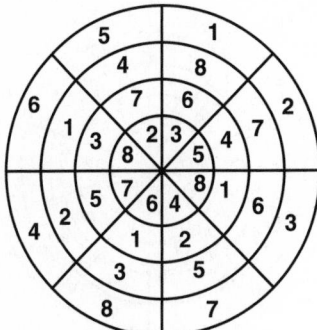

Puzzle 609

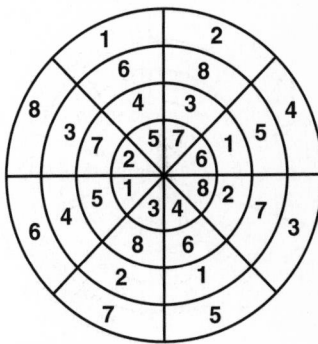

Puzzle 610

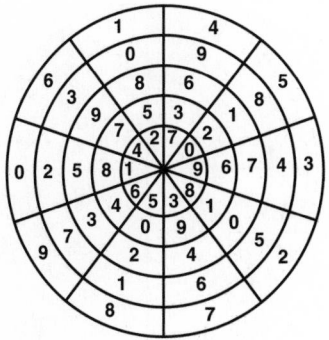

Puzzle 611

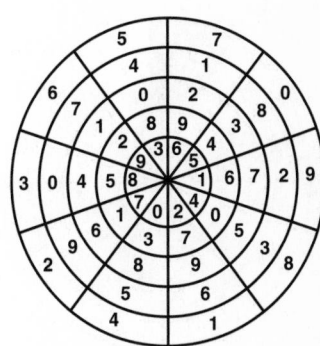

Puzzle 612

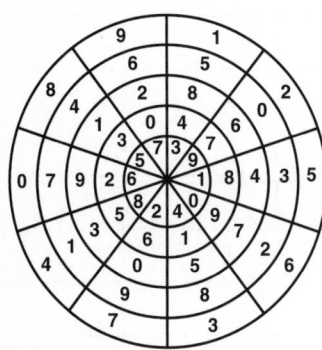

Puzzle 613

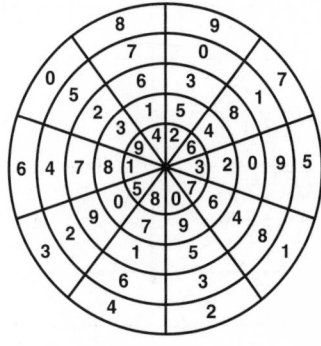

Puzzle 614

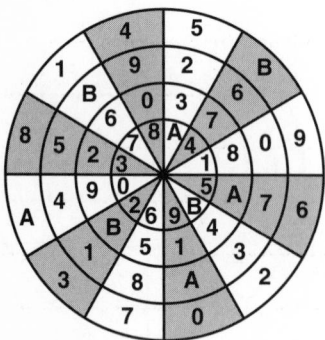

Puzzle 615

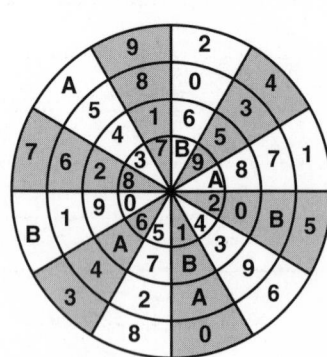

Puzzle 616

Notes

Notes

Notes

Notes

Notes

Notes